JN059504

SDGsの時代に中小企業が輝く社会の実現を目指して

日本の中小企業のサステナビリティ経営の実践と
ドイツ中小企業からの学び

家森信善・山本 聡 編著

中央経済社

はしがき

　2022年に創業120周年を迎えたＴ＆Ｄ保険グループの大同生命保険株式会社様は，「中小企業とともに未来をつくる」という同社の想いを社会に伝えて，「サステナブルな社会の実現」に貢献していくため，様々な記念事業を展開してこられた。その記念事業の重要な柱が，私たち大学研究者との共同研究の実施であった。

　第一の共同研究は，中小企業における「サステナビリティ経営」に関するものである。気候変動や環境問題への対応など，SDGs（持続可能な開発目標）に対する社会的な関心が高まっている昨今，環境・社会の持続可能性に配慮し，事業の持続的成長を図る「サステナビリティ経営」は，大企業だけではなく中小企業にとっても大きな経営課題となりつつあるが，必ずしも浸透していない。

　そこで，現状と課題を明らかにして，中小企業におけるサステナビリティ経営の実践を支援していくことを研究目的とした。この研究では，中小企業経営者アンケート調査「大同生命サーベイ」と，ヒアリング調査によるグッドプラクティスの調査分析を行った。この研究は，神戸大学経済経営研究所の家森信善，西谷公孝教授，柴本昌彦教授の３名と大同生命とが連携しながら実施した。

　第二の共同研究は，「ドイツの中小企業の強さ」に関するものである。ドイツには多数の中小企業が存在し，日本と同様，産業構造において中小企業が重要な位置づけを有するとともに，中小企業に対する公的支援や政策，中小企業経営にかかる研究の蓄積が多いなど，日本と類似点が多く見られる。しかし，ドイツには，研究開発費や輸出額が大きく，デジタルトランスフォーメーション（DX）にも対応した，経営力の高い中小企業が多いことでも知られている。この共同研究は，日本・ドイツの中小企業経営の調査・比較研究を行い，ドイツ中小企業経営から学ぶべき要素を把握し，日本の中小企業経営に活かすことを目的としている。この研究は，東洋大学の山本 聡教授と大同生命の共同研究として実施された。

　実は本件の共同研究は，神戸大学が2022年に創立120周年（1902年の神戸高

等商業学校の設置を神戸大学創立の起点としている）を迎えるにあたって，家森は，経済経営研究所長（当時）として何らかの記念事業に取り組みたいと考えていた。これまでにお世話になってきた方々にお願いしていく中で，TKC全国会の活動を通じて交流のあった大同生命様にもご相談してみた。すると，同社と神戸大学の創立が同じ年であり，同社自身も創立120周年事業を考えているとのことであった。

　そればかりではなく，経済経営研究所の同僚（髙槻泰郎准教授）は，大同生命様の創業家である廣岡家の研究をしており，（共同研究を始めた後にはなるが）2022年に廣岡家から大量の資料を経済経営研究所に寄贈・寄託していただいた。このように，神戸大学経済経営研究所と大同生命様には縁があることもわかった。

　そして，日本の中小企業のためになるような共同研究を行い，その成果を社会に発信したいとの強い思いで共同研究を進める合意ができた。具体的な研究テーマについて大同生命様のチームと何度も打ち合わせをしていく中で，中小企業の経営の持続性を高めるために必要なサステナビリティ経営に焦点を当てることとした。そして，この分野での研究をサポートしてもらうために，経済経営研究所の同僚である西谷公孝教授と柴本昌彦教授にも参加していただくことができた。

　また，大同生命様は日本の中小企業の経営力を回復するために，ドイツの事例が参考になるとのお考えをもたれており，これまで中小企業論，アントレナーシップ論等を中心に研究を進め，ドイツ中小企業経営やドイツ企業と取引する日本の中小企業に関する論文・報告書を執筆されている東洋大学の山本聡教授に共同研究の提案をされたところ，山本教授からご快諾をいただいた次第である。

　本書は，こうして始まった2つの共同研究の成果報告書をベースにした第Ⅰ部，第Ⅱ部と，その成果を発信するために開催したシンポジウム（2023年3月6日）の模様を記録した第Ⅲ部とで構成されている。

　私にとって印象に残っている，大同生命様のキャッチフレーズに「長く続く会社が多い国は，いい国だと思う」がある。おかしな経営でも数年は持つかもしれないが，「長く続く」には素晴らしい経営を行わなければ無理である。ド

イツの中小企業の強さを学び，環境・社会の持続可能性に配慮した経営を実践することで，より多くの日本の中小企業が「長く続く」ことを目指して，我々の共同研究は進んできた。これからも我々研究者は研究によってその実現を目指していくし，大同生命様は生命保険事業を通じて，この目的の実現に取り組まれていくはずである。

　今回の共同研究のチャンスを与えてくださった大同生命様に改めて感謝を申し上げる。アンケート調査やヒアリング調査に協力していただいた中小企業の皆様に心から感謝したい。また，この共同研究においては，研究会の事務局を務めてインタビュー等を実施し，研究会報告書のとりまとめにご尽力いただいた三菱UFJリサーチ＆コンサルティング株式会社の皆様にも記して感謝したい。

2023年12月

神戸大学経済経営研究所教授・同地域共創研究推進センター長

家森信善

目　次

第2章 サステナビリティ経営のベストプラクティス　42

第Ⅰ部

サステナビリティ経営の実践

（研究代表者）家森　信善　神戸大学経済経営研究所　教授
　　　　　　　西谷　公孝　神戸大学経済経営研究所　教授
　　　　　　　柴本　昌彦　神戸大学経済経営研究所　教授

第1章

中小企業のサステナビリティ経営の現状：
大同生命サーベイの結果から

1　調査研究の背景

　中小企業を取り巻く外部環境は大きく変化しており，デジタルトランスフォーメーション（DX），気候変動や脱炭素への対応など，中小企業の経営を高度化させることが求められている。こうした中で，中小企業が持続的に発展していくには，「サステナビリティ」を重視した経営への転換が必要となる。

　例えば，国際連合（以下，国連）は，2015年の国連サミットにおいて，グローバルな社会課題を解決し持続可能な世界を実現するための国際的な目標である「持続可能な開発目標（SDGs：Sustainable Development Goals）」を採択している（図表Ⅰ－1）。

　SDGsは，2030年までの世界の「あるべき姿」として，持続可能な世界の実現のための17のゴールと169のターゲットから構成されており，国内外の企業が，リスクの回避とビジネスチャンスの両面からそれらの考え方を積極的に経営に取り込もうとしている。まさに，SDGsは，企業と世界をつなぐ「共通言語」であり，将来のあるべき姿から逆算して，今何をすべきかを考えるバックキャスティング思考に基づいた「未来志向」のツールといえる。

　また，国連が2006年に責任投資原則（PRI：Principles for Responsible Investment）を提唱してから，事業・経営のサステナビリティを重視し，環

図表 I − 1　持続可能な開発目標（SDGs：Sustainable Development Goals）

目標1.	あらゆる場所のあらゆる形態の貧困を終わらせる
目標2.	飢餓を終わらせ，食料安全保障および栄養改善を実現し，持続可能な農業を促進する
目標3.	あらゆる年齢のすべての人々の健康的な生活を確保し，福祉を促進する
目標4.	すべての人々に包摂的かつ公正な質の高い教育を確保し生涯学習の機会を促進する
目標5.	ジェンダー平等を達成し，すべての女性および女児の能力強化を行う
目標6.	すべての人々の水と衛生の利用可能性と持続可能な管理を確保する
目標7.	すべての人々の，安価かつ信頼できる持続可能な近代的エネルギーへのアクセスを確保する
目標8.	包摂的かつ持続可能な経済成長およびすべての人々の完全かつ生産的雇用と働きがいのある人間らしい雇用（ディーセント・ワーク）を促進する
目標9.	強靱（レジリエント）なインフラ構築，包摂的かつ持続可能な産業化の促進およびイノベーションの推進を図る
目標10.	各国内および各国間の不平等を是正する
目標11.	包摂的で安全かつ強靱（レジリエント）で持続可能な都市および人間居住を実現する
目標12.	持続可能な生産消費形態を確保する
目標13.	気候変動およびその影響を軽減するための緊急対策を講じる
目標14.	持続可能な開発のために海洋・海洋資源を保全し，持続可能な形で利用する
目標15.	陸域生態系の保護，回復，持続可能な利用の推進，持続可能な森林の経営，砂漠化への対処，並びに土地の劣化の阻止・回復および生物多様性の損失を阻止する
目標16.	持続可能な開発のための平和で包摂的な社会を促進し，すべての人々に司法へのアクセスを提供し，あらゆるレベルにおいて効果的で説明責任のある包摂的な制度を構築する
目標17.	持続可能な開発のための実施手段を強化し，グローバル・パートナーシップを活性化する

（出所）国際連合広報センターウェブサイトから筆者作成

図表Ⅰ-2 ESG投資の対象領域

環境	気候変動
	資源の枯渇
	廃棄物　　　　等
社会	人権
	労働条件
	従業員関係　　　等
ガバナンス	役員報酬
	取締役会・理事会の多様性および構成
	税務戦略　　　　等

(出所)国際連合「責任投資原則(PRI)」資料から筆者作成

境(Environment),社会(Social),企業統治:ガバナンス(Governance)の英語の頭文字をとったESG投資が盛んになった。社会的な課題の解決が事業・投資機会につながると考えられるようになり,企業のみならず,投資家からの注目も高まっているのである(**図表Ⅰ-2**)。

2　調査研究の目的・内容

　こうした背景を踏まえ,神戸大学経済経営研究所と大同生命保険株式会社は,中小企業の「サステナビリティ経営」の実態・課題,今後のあり方について調査検討をすることを目的として,共同研究を実施した。

　なお,本研究における中小企業の「サステナビリティ経営」は,**図表Ⅰ-3**に示したように,中小企業の持続的な成長に向けた取組みのうち,「環境・社会への配慮により,事業の持続的な成長を図る経営」と定義した[1]。具体的な取組みとしては,①社会要請への対応(例:脱炭素・環境に配慮した経営),②社会価値の創造(例:社会課題解決に向けた商品開発)を想定している。

図表Ⅰ-3　本研究における「サステナビリティ経営」の定義

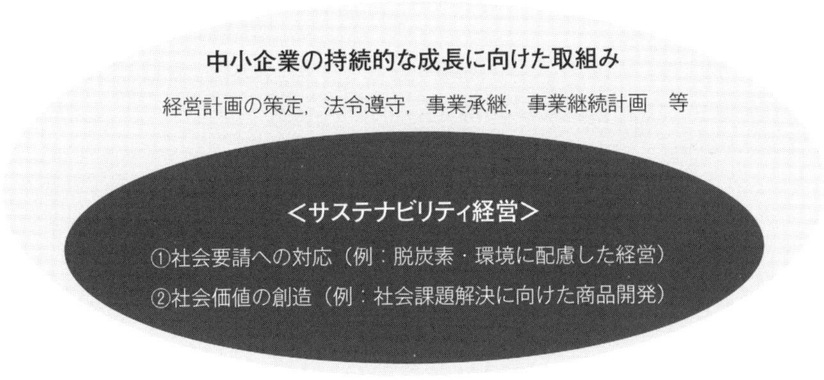

中小企業の持続的な成長に向けた取組み

経営計画の策定，法令遵守，事業承継，事業継続計画　等

＜サステナビリティ経営＞
①社会要請への対応（例：脱炭素・環境に配慮した経営）
②社会価値の創造（例：社会課題解決に向けた商品開発）

　本研究では，中小企業による「サステナビリティ経営」の必要性や優先順位，取り組むうえでの阻害要因や促進要因，期待される効果やメリット等を明らかにし，それらを推進・支援するにあたっての有用な示唆を得ることを目指した。

　具体的には，中小企業のサステナビリティ経営のあり方について，以下のような初期仮説をもとに，大同生命サーベイ（アンケート調査）やインタビュー調査に基づくベストプラクティスの分析を行ったうえで，中小企業の「サステナビリティ経営」を推進するための提言を行った。

　そのうえで，中小企業のサステナビリティ経営を推進するために，必要な支援やツール（ヒト，モノ，カネ，情報，ネットワーク），行政や金融機関，支援機関に期待する役割等についても検討をした。

【初期仮説1】
　サステナビリティ経営は，一見負担増で遠回りに見えるが，長期的には中小企業の経営力を高めるのではないか

1　大同生命保険株式会社「サステナビリティ経営支援プログラム（中小企業のサステナビリティ経営実践の第一歩を後押しするプログラム）」を参照。
　（https://www.daido-life.co.jp/knowledge/sustainability_initiative/）

（初期仮説設定の意図）

- 環境・社会に配慮をするサステナビリティ経営への取組みは，一見負担増で遠回りに見えるため，中小企業経営者が同経営の導入に躊躇する場合があるが，長期的には中小企業の経営力を高めることにつながることを明らかにしたい。

（確認したいポイント）

- サステナビリティ経営推進企業とそれ以外の企業では，経営姿勢（将来を見据えた視点など），SDGsの認知度や事業活動への影響度合いに有意な差異があるか？

【初期仮説2】
サステナビリティ経営は，業績にかかわらず取り組むべきものではないか

（初期仮説設定の意図）

- 中小企業におけるサステナビリティ経営の促進要因，阻害要因を把握し，同経営に取り組む中小企業の景況感・業績との関係，中小企業においてもサステナビリティ経営に取り組むことの意義を明らかにしたい。

（確認したいポイント）

- サステナビリティ経営の導入（期間）は，景況感・業績との相関はあるか？
- サステナビリティ経営に取り組んでいる企業は，何をきっかけとして導入を決定したのか？

【初期仮説3】
サステナビリティ経営への取組みは，思いがけない気づきや利点につながるのではないか

（初期仮説設定の意図）

- 中小企業におけるサステナビリティ経営の実践の促進に向け，同経営の効果やメリット，それらを支援してくれるサポーターの存在を明らかにしたい。

（確認したいポイント）

- サステナビリティ経営に取り組む中小企業の課題は何か？
- 支援機関のどのようなサポートが役立ったか，サステナビリティ経営の効果・メリットは何か？

3 中小企業のサステナビリティ経営に関する アンケート調査の概要

　中小企業における「サステナビリティ経営」の取組み状況やメリット・課題等をアンケートにより幅広く調査した。その結果，中小企業においても「サステナビリティ経営」に取り組む企業は一定数存在し，メリットを享受していることが明らかになり，さらに長期的に取り組むことでその効果が大きくなっていることが確認できる。

(1)　調査実施内容

　本調査は，大同生命が毎月実施している中小企業経営者アンケート調査「大同生命サーベイ」の2022年9月調査として実施した[2]。この「中小企業のサステナビリティ経営に関するアンケート調査」では，定例の景況感などを問う質問に加えて，「サステナビリティ経営の取組み状況」に関する質問を行っている。その実施概要は以下の通りである。

- 調査期間：2022年9月1日〜9月30日
- 調査対象：全国の企業経営者8,033社（うち約6割が大同生命保険株式会社の契約企業）
- 調査方法：大同生命保険株式会社の営業職員が訪問またはZoom面談により調査
- 調査結果：https://www.daido-life.co.jp/knowledge/survey/202209.html

(2)　設問の概要

　アンケートの設問の概要は以下の通りである。

Ⅰ．企業情報等
　　問1　社名，本社所在地

2　大同生命サーベイについては，第Ⅰ部の末の「参考」において詳しく説明している。

問29　サステナビリティ経営に取り組むにあたっての課題
問30　サステナビリティ経営に関する具体的な取組み内容（対象者一部・自由回答）
問31　サステナビリティ経営に取り組む予定がない理由

(3)　回答企業の属性

回答企業の属性は，**図表Ⅰ－4**の通りである。業種で見ると，サービス業が34.0％と最も多く，建設業（22.2％），卸・小売業（21.1％）の順となっている。

図表Ⅰ－4　回答企業の属性

地域		全体（占率）企業数	北海道	東北	北関東（※1）	南関東（※2）	北陸・甲信越	東海	関西（※3）	中国	四国	九州・沖縄
全体		8,033 (100.0)	274	454	691	1,683	768	944	1,441	589	261	928
業種	製造業	1,529 (19.0)	26	61	144	245	191	240	343	103	52	124
	建設業	1,783 (22.2)	68	141	153	334	203	200	217	142	75	250
	卸・小売業	1,693 (21.1)	68	88	136	331	142	193	342	133	62	198
	サービス業	2,732 (34.0)	96	143	240	715	204	280	490	192	65	307
	その他	191 (2.4)	7	15	11	42	20	21	25	13	6	31
	無回答	105 (1.3)	9	6	7	16	8	10	24	6	1	18
従業員規模	5人以下	3,631 (45.2)	119	192	344	852	306	423	654	239	109	393
	6～10人	1,517 (18.9)	55	84	115	305	154	171	245	117	55	216
	11～20人	1,123 (14.0)	36	70	101	196	110	140	203	96	36	135
	21人以上	1,620 (20.2)	52	102	118	297	190	192	306	127	59	177
	無回答	142 (1.8)	12	6	13	33	8	18	33	10	2	7

※1：北関東→茨城・栃木・群馬・埼玉　※2：南関東→千葉・東京・神奈川
※3：関西→滋賀・京都・大阪・兵庫・奈良・和歌山

創業年数	企業数（占率）
10年未満	757 (9.4)
10～30年未満	1,833 (22.8)
30～50年未満	2,392 (29.8)
50～100年未満	2,431 (30.3)
100年以上	290 (3.6)
無回答	330 (4.1)

（出所）大同生命サーベイに基づいて，筆者作成。以下の調査結果に関する図表も同様。

　また，企業規模で見ると，5人以下企業が45.2％であり，6〜10人企業も合わせると，64.1％が従業員規模10人以下の小規模企業である。一方で，企業年齢を見ると，30年以上の企業の比率が63.7％あり，「長く続いてきた」しっかりとした会社が多い。

4　アンケート調査の結果

　本調査の全体像で示した初期仮説を検証するために，アンケート結果について多角的に集計を試みた。なお，以降の集計においては，結果を明確にするため，無回答や無効回答については集計の対象から外している。

(1)　サステナビリティ経営の実践企業には特徴がある

①　広がるサステナビリティ経営の認知

　図表Ⅰ－5に示したように，サステナビリティ経営の認知度については，名称・内容ともに知っている企業が42.7％，内容は知らないが名称は知っている企業が32.6％となっており，中小企業においてもサステナビリティ経営についての認知が広がっていることがうかがえる。

　中小企業経営者アンケート調査「大同生命サーベイ」（2021年10月調査）では，サステナビリティ経営について，名称・内容ともに知っている企業は16％（n=9,383）であったので，このわずか1年の間に，サステナビリティ経営の知名度が急激に高まっていることになる。

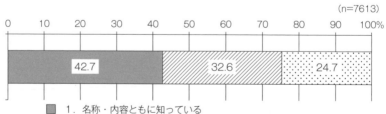

図表Ⅰ－5　サステナビリティ経営の認知度

(n=7613)

42.7	32.6	24.7

　■　1．名称・内容ともに知っている
　▨　2．名称は知っている（見聞きしたことがある）が，内容は知らない
　⊡　3．名称・内容ともに知らない

②　約3割がサステナビリティ経営を実施

　一方で，サステナビリティ経営の実施状況については，回答した企業のうち本業に取り入れているのが7.4％，間接的に取り入れているのが20.7％，サステナビリティ経営を踏まえた新たな商品・サービス開発を実施しているのが4.0％であった（図表Ⅰ－6）。

　図表Ⅰ－6のサステナビリティ経営の実施状況を次のように3つのグループに分類した。すなわち，「本業や新規事業に取り入れている」，「本業や新規事業に取り入れていないが，間接的には取り入れている」，「現在は本業・新規事業・間接的にも取り入れていない」の3グループに分類し，再集計した結果が図表Ⅰ－7である[3]。その結果，サステナビリティ経営を本業や新規事業に取り入れている企業は10.4％，間接的には取り入れている企業は17.9％となった。

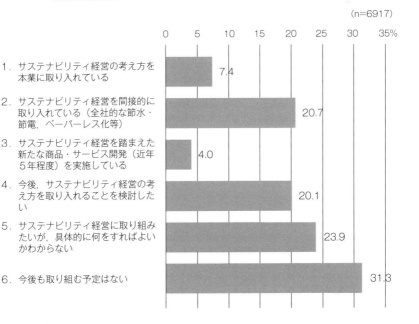

図表Ⅰ－6　サステナビリティ経営の実施状況（複数回答）

(n=6917)

1. サステナビリティ経営の考え方を本業に取り入れている　7.4
2. サステナビリティ経営を間接的に取り入れている（全社的な節水・節電，ペーパーレス化等）　20.7
3. サステナビリティ経営を踏まえた新たな商品・サービス開発（近年5年程度）を実施している　4.0
4. 今後，サステナビリティ経営の考え方を取り入れることを検討したい　20.1
5. サステナビリティ経営に取り組みたいが，具体的に何をすればよいかわからない　23.9
6. 今後も取り組む予定はない　31.3

3　なお，本業・新規事業だけでなく，間接的にも取り入れている場合は，「本業・新規事業取入れ」企業として分類している。

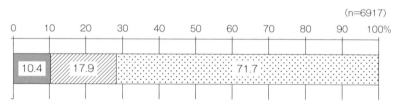

図表Ⅰ－7　サステナビリティ経営の実施状況（再集計結果）

7割を超える認知度（図表Ⅰ－5）と比較すると，実施比率はかなり低いので，サステナビリティ経営の内容を知っていても企業経営に取り入れられていない企業が一定割合で存在することが示唆される。

サステナビリティ経営の実施状況を従業員規模別に集計した結果が，**図表Ⅰ－8**である（従業員規模に関して無回答の企業は除外）。

従業員規模が大きい企業ほどサステナビリティ経営を実施しているが，従業員が多くない企業においても，サステナビリティ経営を実施している企業は存在している。例えば，従業員5人以下の企業においても，7.1%（216社）は本業や新規事業にサステナビリティ経営を取り入れており，間接的に取り入れている企業（13.1%，399社）も含めると，サステナビリティ経営に取り組んでいる企業の割合は20%を超える。規模の小さな企業で2割が取り組んでいることは注目に値する。

③　SDGs認知度とも正の相関

図表Ⅰ－9に示したように，サステナビリティ経営を実施している企業は，SDGsの認知度も高く，その内容を知っている企業の割合は80%以上である。特に，サステナビリティ経営を本業や新規事業に取り入れている企業に関しては，SDGsの内容を知っている割合が86.8%と非常に高くなっており，サステナビリティ経営を間接的に取り入れている企業も81.5%がSDGsの内容を知っている。一方で，サステナビリティ経営を実施していない企業では，SDGsの内容を知らない企業が半数を超える。

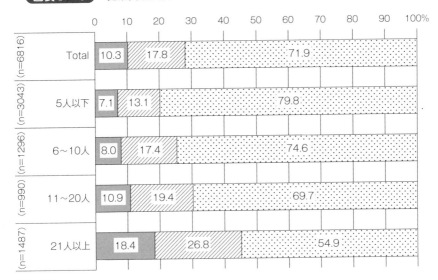

図表 I − 8　従業員規模別のサステナビリティ経営の実施状況（再集計結果）

1．サステナビリティ経営を実施（本業，新規事業）
2．サステナビリティ経営を実施（間接のみ）
3．サステナビリティ経営を実施していない

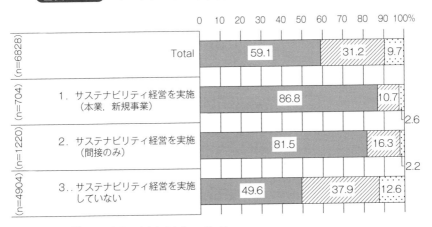

図表 I − 9　サステナビリティ経営の実施状況とSDGsの認知度の関係

1．名称・内容ともに知っている
2．名称は知っている（見聞きしたことがある）が，内容は知らない
3．名称・内容ともに知らない

　SDGsは，国連において合意された未来のあるべき姿を示すものである。そこで，このあるべき姿から逆算（バックキャスティング）し，世界，日本，地域の未来を含めて，自社の今後のあり方を考えてみることは，企業経営にとってプラスとなる。特に事業環境が大きく変化する時代の中で，こうしたサステナビリティ経営の重要性がより高まっている。

　図表Ⅰ－9は2022年の調査時の同時点での相関を見たものであるが，大同生命サーベイでは，過去にもサステナビリティ経営に関連するテーマでの調査を実施しており，直近では2021年10月に「SDGsの取組み状況」に関して調査を実施している。そこで，本調査の大同生命サーベイにも回答した企業のうち，過去の大同生命サーベイにも回答した企業を抽出したところ，2,479人が2021年10月の調査にも回答をしている。

　図表Ⅰ－10に示したように，2021年10月時点でSDGsの内容を知っている企業のうち，2022年9月においてサステナビリティ経営を本業・新規事業に取り入れている企業は13.7%，間接的に取り入れている企業は25.3%であり，逆に，

図表Ⅰ－10 2021年10月時の「SDGs」の認知度とサステナビリティ経営の実施状況の関係

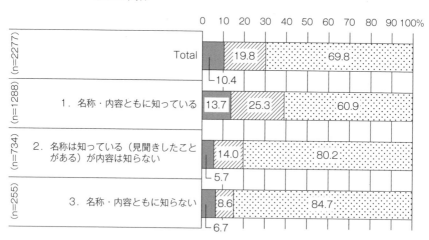

2021年調査でSDGsについて「名称・内容ともに知らない」という企業では，2022年調査時点で直接・間接的にサステナビリティ経営を取り入れているのはわずか15.3％である。

　SDGsについて知ってもらうことは，企業がサステナビリティ経営に取り組むきっかけになることが示された。したがって，SDGsについての啓蒙活動の重要性が示唆された。

④　経営姿勢は長期を見据えている

　図表Ⅰ－11は，将来を検討する際に見据えている期間とサステナビリティ経営の実施状況の関係を示している。

図表Ⅰ－11 将来を検討する際に見据えている期間とサステナビリティ経営の実施状況の関係

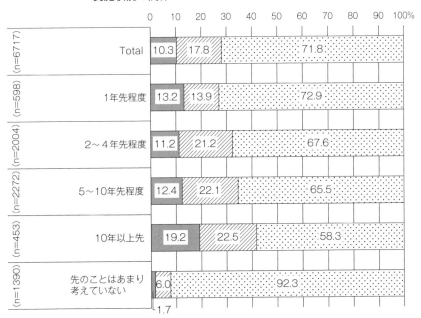

自社の将来を検討する際に見据えている期間とサステナビリティ経営の実施状況には正の相関が見られた。特に10年以上先を見据えている企業では，サステナビリティ経営の実施割合が高い（本業で19.2%）。一方で，先のことはあまり考えていない企業では，サステナビリティ経営の実施割合が非常に低い（1.7%）。企業の将来を長期的に検討する経営者ほど，サステナビリティ経営という形で環境や社会への配慮を心掛けていることが示されている。

⑤ 中期計画をしっかりと立てている

図表Ⅰ-12を見ると，中長期計画を有する企業とサステナビリティ経営の実施状況に正の相関があることもわかる。

中長期的な計画（3～5年程度）を作成しており，今後も継続的に作成する意向を持つ企業は，サステナビリティ経営の実施割合が高い。回答全体の中で，

図表Ⅰ-12 中長期的な計画作成状況・意向とサステナビリティ経営の実施状況の関係

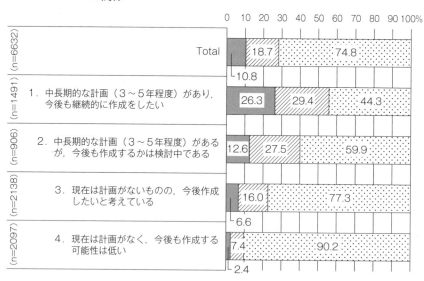

■ 1．サステナビリティ経営を実施（本業，新規事業）
▨ 2．サステナビリティ経営を実施（間接のみ）
⬚ 3．サステナビリティ経営を実施していない

本業・新規事業に取り入れている企業の割合が26.3%を占める。間接的に取り入れている企業も加えると50%を超える。一方で，現在は計画がなく，今後も作成する可能性は低い企業は，サステナビリティ経営を実施していない割合が非常に高い（90.2%）。

　図表Ⅰ-10や図表Ⅰ-11より，将来を中長期的に検討している企業ほどサステナビリティ経営にも取り組んでおり，ただ単に中長期的な計画を立てるのではなく，サステナビリティ経営という広い視野を持って企業経営に取り組んでいることが示唆される。

　従業員規模にかかわりなく，中長期的な計画（3～5年程度）の作成状況・作成意向とサステナビリティ経営の実施割合には正の相関が見られた。例えば，図表Ⅰ-13には，5人以下の企業に関しての結果を示している。これを見ると，中長期的な計画を持ち，今後も継続的に作成する意向がある企業のうち23.0%がサステナビリティ経営を本業に取り入れているし，間接的に実施している企業も23.8%あった。つまり，従業員規模が小さくとも中長期計画を策定し，サステナビリティ経営に取り組んでいる企業が相当数存在することは注目に値する。

図表Ⅰ-13　中長期的な計画作成状況・意向とサステナビリティ経営の実施状況の関係（従業員規模別）（従業員規模5人以下　n=2892）

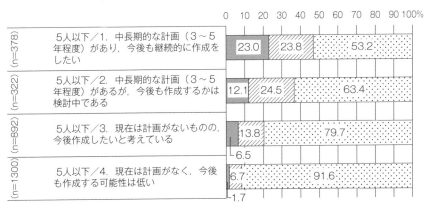

■ 1. サステナビリティ経営を実施（本業，新規事業）
▨ 2. サステナビリティ経営を実施（間接のみ）
⊡ 3. サステナビリティ経営を実施していない

⑥　サステナビリティの意識が高い企業の業績は良い

　本調査では多様な業種を取り扱っていることから，事業のパフォーマンスの数値的な質問は実施しておらず，代わりに同業他社と比較した業績水準についての主観的な評価を尋ねている。この業績水準と，サステナビリティ経営の認知度や重要と認識しているかどうかとの関係を見たのが図表Ⅰ－14である。

　業績水準が「とても良い」，「やや良い」と回答した企業はサステナビリティ経営を認知しているだけではなく，経営上も重要と考えている割合が高く，それぞれ45.6％，35.1％となっている。

　グラフには示していないが，同じ結果をサステナビリティの認識度で整理すると，「名称・内容ともに知っており，経営上も重要だと考えている」という1,752

図表Ⅰ－14　同業他社と比較した「業績（売上高・利益）の水準」とサステナビリティの認知度・重要性

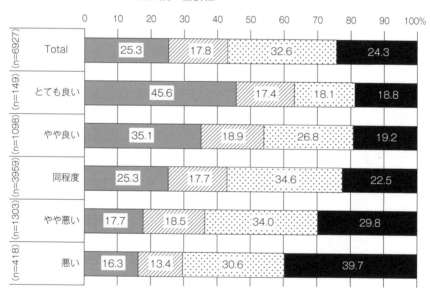

- ■　1．名称・内容ともに知っており，経営上も重要だと考えている
- ▨　2．名称・内容ともに知っているが，経営上は重要だと考えていない
- ⬚　3．名称は知っている（見聞きしたことがある）が，内容は知らない
- ■　4．名称・内容ともに知らない

社では，「良い」（「とても良い」と「やや良い」の合計）が25.9％あるのに対して，「名称・内容ともに知らない」企業（1,684社）では「良い」は14.2％にとどまっている。

　サステナビリティ経営を重要と捉えている企業の業績が良い傾向が見られる点には注目したい。中小企業とは一見縁遠いように考えられるサステナビリティ経営に対しても重要だと考えるような視野を持って経営することが，何らかの形で業績にも好影響を与えている可能性が示されている。

⑦　社内ガバナンス向上にも積極的

　本調査でのサステナビリティ経営の定義は，基本的にEとSに重点を置いたものである。したがって，EやSへの取組みとGとの関係を見ることも興味深い。その結果が**図表Ⅰ−15**である。

　EやSの取組みをしている企業は，社内のガバナンスを高めるための取組みも数多く実施している。全ての選択肢で，本業や新規事業に取り入れている企業の回答割合が，サステナビリティ経営を実施していない企業に比べて高くなっている。

　そして，「経営理念・行動指針の浸透」，「法令遵守意識の浸透」，「月次での正確な会計情報の作成」，「リスク管理体制の構築」といった取組みの実施割合が高い。特に，「経営理念・行動指針の浸透」はサステナビリティ経営を本業・新規事業に取り入れている企業の65.1％が実施しており，回答者全体と比較して倍以上の回答割合である。現時点では，しっかりとした経営理念を持った企業がサステナビリティ経営を実践しているといえよう。

　これらより，SDGsとサステナビリティ経営の取組みには正の相関があると考えられ，SDGsへの取組みやサステナビリティ経営の実践が，互いの理解・取組みの深化につながると考えられる。

図表Ⅰ-15 社内のガバナンスを高めるための取組みの実施状況（複数回答）と
サステナビリティ経営の実施状況の関係

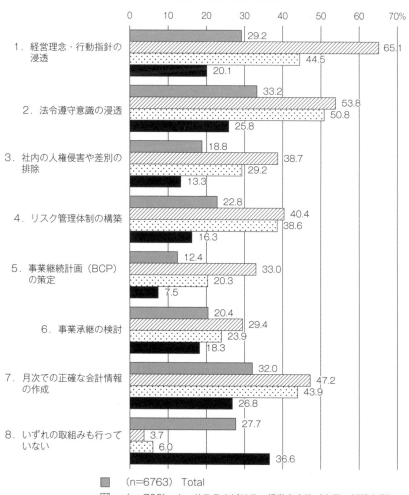

■　(n=6763)　Total

▨　(n=703)　1. サステナビリティ経営を実施（本業，新規事業）

⊡　(n=1214)　2. サステナビリティ経営を実施（間接のみ）

■　(n=4846)　3. サステナビリティ経営を実施していない

(2)　サステナビリティ経営は全ての企業にとって効果がある

①　サステナビリティ経営に取り組む企業は好業績が多い

　図表Ⅰ－16には，同業他社と比較した「業績（売上高・利益）の水準」とサステナビリティ経営の実施状況の関係を示している。サステナビリティ経営を実施している企業は，サステナビリティ経営を実施していない企業に比べ，同業他社比で業績が「とても良い」，「やや良い」との回答の割合が高い。また，「やや悪い」，「悪い」と回答した割合が低い。これより，サステナビリティ経営と業績の間には正の相関があることが確認できる。

　もちろん，ここでの分析は厳密に因果性を検証できているわけではなく，業績が良くて余裕があるのでサステナビリティ経営を実施できているという可能性を排除できるわけではない。そこで，サステナビリティ経営をいつから始めたかを尋ねている質問を使って，サステナビリティ経営の実施期間と業績の関係を見たのが図表Ⅰ－17である。

図表Ⅰ－16　同業他社と比較した「業績（売上高・利益）の水準」とサステナビリティ経営の実施状況の関係

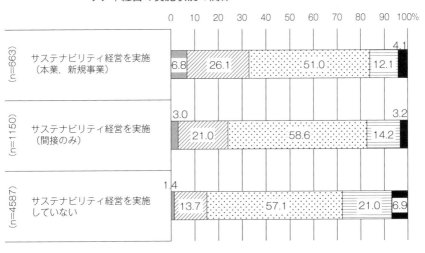

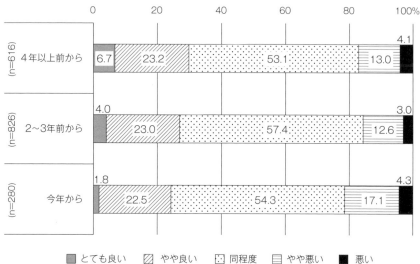

図表Ⅰ-17　同業他社と比較した「業績（売上高・利益）の水準」とサステナビリティ経営（実施期間別）

　もし業績が良くて余裕があるのでサステナビリティ経営を始めたという企業が多ければ，「今年から」実施企業で業績の良い企業が多いはずであるが，そうはなっておらず，昔から実施している企業の方で好業績企業の比率が高い。したがって，サステナビリティ経営から業績への好循環を支持している結果であるといえよう。

② 取組みの度合いが深い企業ほどコロナ禍の悪影響が小さかった

　図表Ⅰ-18は，同業他社と比較した「コロナ禍による業績（売上高・利益）への影響」とサステナビリティ経営の実施状況の関係を調べた結果である。

　サステナビリティ経営の実施企業は，同業他社と比較してコロナ禍による業績への影響が小さい企業の割合が高い。ただし，本業・新規事業に取り入れている企業と間接業務でのみ取り入れている企業と比較すると，影響が「やや大きい」，「とても大きい」と回答した企業の割合は，間接業務にのみ取り入れている企業の方が低い。

図表 I −18 同業他社と比較した「コロナ禍による業績（売上高・利益）への影響」とサステナビリティ経営の実施状況の関係

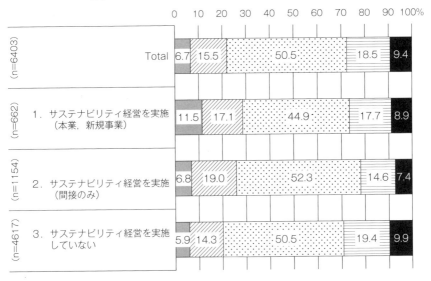

　この結果の背景を検討するために，図表 I −18をサステナビリティ経営の開始時期別に分析してみた。具体的には，開始時期に関しては，4 年以上前はコロナ禍の前と考えられるため，「4 〜 5 年前」，「6 年以上前」の回答は合算したうえで集計を行った（**図表 I −19，図表 I −20**）。

　その結果，サステナビリティ経営に 4 年以上前から取り組んでいる企業は，影響が「とても小さい」，「やや小さい」と回答した割合が高く，特に，本業・新規事業に取り入れている企業は，「とても小さい」と回答した割合が高いことが明らかとなった。サステナビリティ経営を本業や新規事業に取り入れている企業は，影響が「やや大きい」，「とても大きい」と回答した割合が，間接的に取り入れている企業よりも高いという意外な結果を得ていたが，これは，コロナ禍で業績が悪化したことをきっかけにして，業績改善の手段として，今年からサステナビリティ経営に取り組んでいる企業が一定数存在するためだと解

図表Ⅰ－19 同業他社と比較した「コロナ禍による業績（売上高・利益）への影響」とサステナビリティ経営の実施状況の関係（サステナビリティ経営開始時期別）（サステナビリティ経営を本業・新規事業に取り入れている企業　n=662）

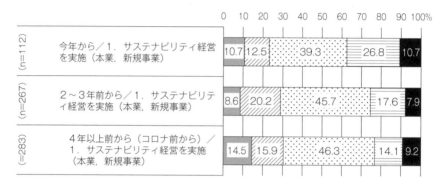

■1. とても小さい ▨2. やや小さい ⬚3. 同程度 ▤4. やや大きい ■5. とても大きい

図表Ⅰ－20 同業他社と比較した「コロナ禍による業績（売上高・利益）への影響」とサステナビリティ経営の実施状況の関係（サステナビリティ経営開始時期別）（サステナビリティ経営を間接的に取り入れている企業　n=1154）

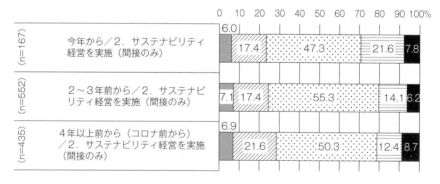

■1. とても小さい ▨2. やや小さい ⬚3. 同程度 ▤4. やや大きい ■5. とても大きい

釈することができる。

　したがって，長期的にサステナビリティ経営に取り組むことで，コロナ禍の
ような世界的な事業環境の変化に対しても影響を小さく抑えられる可能性があ
ることが示されているといえる。

③　社会に対する感度が高く，しっかりとした企業理念を持っている

　図表Ⅰ−21を見ると，過半数の企業が「気候変動対策や環境保全に対する社
会の意識が高まっているため」を，サステナビリティ経営を取り入れるきっか
けとして挙げている。これまでに，サステナビリティ経営を取り入れている企
業は，社会の動きに対して敏感な企業なのである。

　サステナビリティ経営を本業・新規事業に取り入れている企業と間接的に取
り入れている企業の差異を見ると，本業・新規事業に取り入れている企業では
「自社製品・サービスの競争力の向上」といった売上高や業績に直結する理由
を挙げている率が高く，サステナビリティを本業の強みに活かそうという意欲
がうかがえる。

　また，「サステナビリティ経営が自社の企業理念・経営理念と一致している」
や「地域経済の発展への貢献」を契機だとする回答の割合も高く，サステナビ
リティ経営を本業・新規事業に取り入れている企業の方が，間接的に取り入れ
ている企業に比べて，経営理念や行動指針に基づく経営においても，積極的で
あると考えられる。

④　取引先，従業員，地域社会を重視した経営が行われている

　サステナビリティ経営において重視するステークホルダー（複数回答）とサ
ステナビリティ経営の実施状況の関係を示したのが，図表Ⅰ−22である。

　サステナビリティ経営において重視するステークホルダーとして7割ほどの
企業が，「取引先・消費者」を選択しており，「従業員やその家族」が5割程度
で続いている。さらに，地域社会についても重視していると回答する企業の割
合が4割程度あることは特筆すべき点である。サステナビリティ経営に取り組
んでいる企業は，地域社会を意識している傾向が見られるのである。

　また，大企業では重視されるステークホルダーである「株主や投資家」と回

図表Ⅰ−21　サステナビリティ経営を取り入れる契機・要因（複数回答）とサステナビリティ経営の実施状況の関係

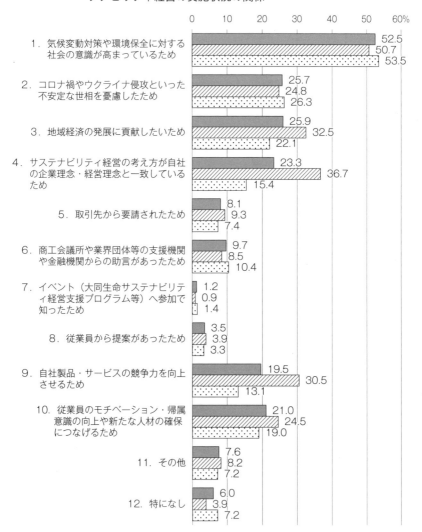

1. 気候変動対策や環境保全に対する社会の意識が高まっているため — 52.5 / 50.7 / 53.5
2. コロナ禍やウクライナ侵攻といった不安定な世相を憂慮したため — 25.7 / 24.8 / 26.3
3. 地域経済の発展に貢献したいため — 25.9 / 32.5 / 22.1
4. サステナビリティ経営の考え方が自社の企業理念・経営理念と一致しているため — 23.3 / 36.7 / 15.4
5. 取引先から要請されたため — 8.1 / 9.3 / 7.4
6. 商工会議所や業界団体等の支援機関や金融機関からの助言があったため — 9.7 / 8.5 / 10.4
7. イベント（大同生命サステナビリティ経営支援プログラム等）へ参加で知ったため — 1.2 / 0.9 / 1.4
8. 従業員から提案があったため — 3.5 / 3.9 / 3.3
9. 自社製品・サービスの競争力を向上させるため — 19.5 / 30.5 / 13.1
10. 従業員のモチベーション・帰属意識の向上や新たな人材の確保につなげるため — 21.0 / 24.5 / 19.0
11. その他 — 7.6 / 8.2 / 7.2
12. 特になし — 6.0 / 3.9 / 7.2

(n=1889) Total
(n=698) 1. サステナビリティ経営を実施（本業，新規事業）
(n=1191) 2. サステナビリティ経営を実施（間接のみ）

図表 I －22　サステナビリティ経営において重視するステークホルダー（複数回答）とサステナビリティ経営の実施状況の関係

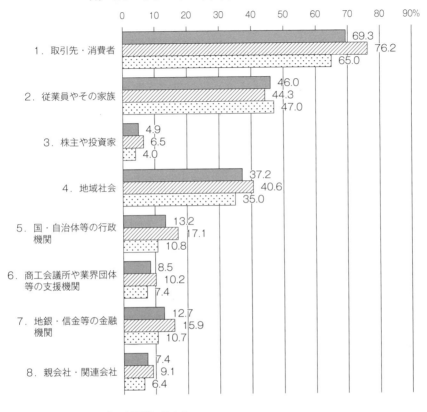

1．取引先・消費者　69.3 / 76.2 / 65.0

2．従業員やその家族　46.0 / 44.3 / 47.0

3．株主や投資家　4.9 / 6.5 / 4.0

4．地域社会　37.2 / 40.6 / 35.0

5．国・自治体等の行政機関　13.2 / 17.1 / 10.8

6．商工会議所や業界団体等の支援機関　8.5 / 10.2 / 7.4

7．地銀・信金等の金融機関　12.7 / 15.9 / 10.7

8．親会社・関連会社　7.4 / 9.1 / 6.4

■ (n=1679)　Total
▨ (n=648)　1．サステナビリティ経営を実施（本業，新規事業）
⬚ (n=1031)　2．サステナビリティ経営を実施（間接のみ）

答する企業は4.9％と非常に少なく，大企業を対象とする既存の調査とは異なる特徴が見られた。

　サステナビリティ経営を本業や新規事業に取り入れている企業と間接的にのみ取り入れている企業との違いを見ると，本業や新規事業に取り入れている企業の方が，「従業員とその家族」を除くと，全ての項目において，高い比率となっている。つまり，サステナビリティ経営を本業や新規事業に取り入れている企

業は，より幅広く社外の関係者に配慮した経営を行っているのである。

⑤　実際に取り組めば課題は解消していく

　図表Ⅰ−23は，サステナビリティ経営に取り組むにあたっての課題（複数回答）とサステナビリティ経営の実施状況の関係を示している。

　サステナビリティ経営を実施していない企業も含めた全体で見ると，「サステナビリティ経営に詳しい人材が不足している」が39.9％と最も多く，次に多い「取り組むための資金が不足」が16.7％であったことから，「人材」問題の深刻さが明確に示された。

　サステナビリティ経営を本業・新規事業に取り入れている企業は，「商品・サービスの開発に時間がかかる」点を課題として感じている回答割合が24.7％と高く，最も多い人材不足の26.2％とほぼ変わらない水準であった。サステナビリティ経営には効果があるもののその効果が顕在化するには時間がかかることが，取組みをしている企業の実感なのであろう。支援機関においても，そのことを踏まえて息の長い支援が必要である。

　他方で，サステナビリティ経営を間接的に取り入れている企業や未実施の企業では，サステナビリティ経営に詳しい人材が不足している点を課題として感じている回答割合が高く，特に，未実施の企業ではその値が46.9％にもなっている。

　「課題はない」の比率を見ると，「実施していない」企業では小さく，つまり，多くの未実施企業は人材不足などの課題を抱えており，取り組めていないのである。一方で，実施企業では「課題はない」という比率が高く，実際に取り組むことで，人材が育ったりしながら，課題が解消していっているのであろう。導入支援が重要であることが示唆されている。

　図表Ⅰ−23で大きな課題だと回答されていた，サステナビリティ経営に詳しい人材が不足している点に関して，サステナビリティ経営を実施している企業に注目し，さらにサステナビリティ経営の開始時期別に結果を見てみると，サステナビリティ経営を本業・新規事業に取り入れている企業も，間接的に取り入れている企業も，サステナビリティ経営に4年以上前（コロナ禍前）から取り組んでいる企業は人材不足を課題と挙げている企業の割合は低い（**図表Ⅰ−24**）。

図表Ⅰ－23　サステナビリティ経営に取り組むにあたっての課題（複数回答）と
サステナビリティ経営の実施状況の関係

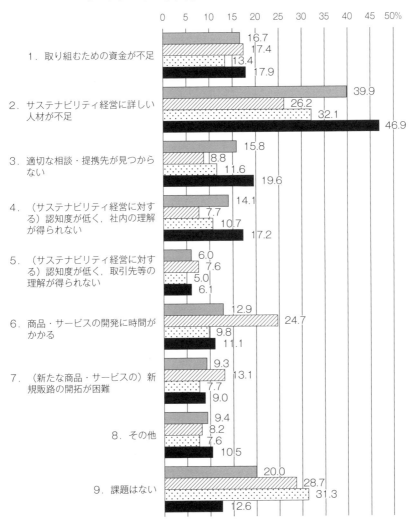

1．取り組むための資金が不足
16.7
17.4
13.4
17.9

2．サステナビリティ経営に詳しい人材が不足
39.9
26.2
32.1
46.9

3．適切な相談・提携先が見つからない
15.8
8.8
11.6
19.6

4．（サステナビリティ経営に対する）認知度が低く，社内の理解が得られない
14.1
7.7
10.7
17.2

5．（サステナビリティ経営に対する）認知度が低く，取引先等の理解が得られない
6.0
7.6
5.0
6.1

6．商品・サービスの開発に時間がかかる
12.9
24.7
9.8
11.1

7．（新たな商品・サービスの）新規販路の開拓が困難
9.3
13.1
7.7
9.0

8．その他
9.4
8.2
7.6
10.5

9．課題はない
20.0
28.7
31.3
12.6

- ▨ （n=4209）Total
- ▨ （n=649）1．サステナビリティ経営を実施（本業，新規事業）
- ▨ （n=1102）2．サステナビリティ経営を実施（間接のみ）
- ■ （n=2458）3．サステナビリティ経営を実施していない

図表Ⅰ-24 サステナビリティ経営に詳しい人材が不足していることが課題と回答した企業のサステナビリティ経営の実施状況（サステナビリティ経営開始時期別）

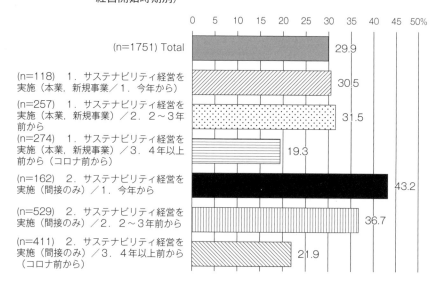

つまり，サステナビリティ経営に継続的に取り組むことで，社内の人材が育ち，人材不足が解消されていることがわかる。

⑥ 未着手企業に対しては意識醸成と人材・ノウハウ支援が求められる

サステナビリティ経営に取り組まない理由としては，「取り組むメリットが見いだせない」の割合が最も高く，39.5％となっている。次いで，「取り組むための知識・人材が足りない」（32.7％），「自社の事業との関係が薄い」（22.7％）となっている（図表Ⅰ-25）。

ただし，図表Ⅰ-6に示した通り，サステナビリティ経営に取り組む予定がないと回答した企業が2,165件あり，そのうち416件（全体の19.2％）は無回答であったため，取り組まない明確な理由がない企業も少なくないと考えられる。

図表Ⅰ－25　サステナビリティ経営に取り組まない理由（サステナビリティ経営に取り組む予定がない企業のみ）（複数回答）

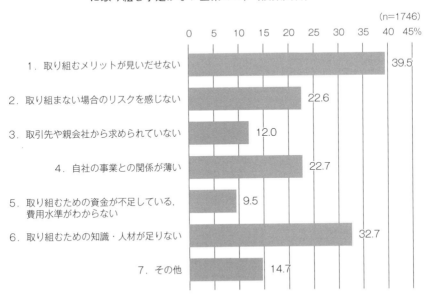

(n=1746)

理由	%
1．取り組むメリットが見いだせない	39.5
2．取り組まない場合のリスクを感じない	22.6
3．取引先や親会社から求められていない	12.0
4．自社の事業との関係が薄い	22.7
5．取り組むための資金が不足している，費用水準がわからない	9.5
6．取り組むための知識・人材が足りない	32.7
7．その他	14.7

　図表Ⅰ－23や図表Ⅰ－25より，サステナビリティ経営を実施するうえでの課題や取り組まない理由は資金不足ではなく，取り組むための詳しい人材・知識不足やメリットが見いだせないといった，サステナビリティ経営に対する理解不足が最も大きな課題となっていることが明らかになった。

　図表Ⅰ－23の結果（サステナビリティ経営に取り組むにあたっての課題）を従業員規模別に見てみると（**図表Ⅰ－26**），従業員規模が小さい企業では，資金不足を課題とする回答割合が高い。一方で，従業員規模が大きい企業は，資金不足は相対的には重要な課題ではなく，人材不足や社内の理解が得られない点を課題とする回答割合が高い。

　これらより，企業規模によって課題内容は異なっており，したがって支援の内容も異なってくる。例えば，補助金などの資金支援は従業員規模が小さい企業ほど効果が期待できる一方，規模の大きい企業では，人材不足や社内の理解といった社内体制の構築支援が重要である。

図表Ⅰ－26 サステナビリティ経営に取り組むにあたっての課題（複数回答）と 従業員規模の関係

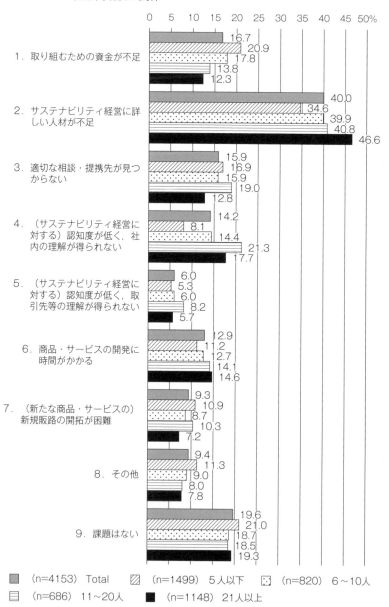

1．取り組むための資金が不足
- 16.7
- 20.9
- 17.8
- 13.8
- 12.3

2．サステナビリティ経営に詳しい人材が不足
- 40.0
- 34.6
- 39.9
- 40.8
- 46.6

3．適切な相談・提携先が見つからない
- 15.9
- 16.9
- 15.9
- 19.0
- 12.8

4．（サステナビリティ経営に対する）認知度が低く，社内の理解が得られない
- 14.2
- 8.1
- 14.4
- 21.3
- 17.7

5．（サステナビリティ経営に対する）認知度が低く，取引先等の理解が得られない
- 6.0
- 5.3
- 6.0
- 8.2
- 5.7

6．商品・サービスの開発に時間がかかる
- 12.9
- 11.2
- 12.7
- 14.1
- 14.6

7．（新たな商品・サービスの）新規販路の開拓が困難
- 9.3
- 10.9
- 8.7
- 10.3
- 7.2

8．その他
- 9.4
- 11.3
- 9.0
- 8.0
- 7.8

9．課題はない
- 19.6
- 21.0
- 18.7
- 18.5
- 19.3

（n=4153）Total　　（n=1499）5人以下　　（n=820）6～10人
（n=686）11～20人　　（n=1148）21人以上

(3)　サステナビリティ経営からの気づきや利点は多い

①　メリットがなかったという企業はほとんどない

　サステナビリティ経営を実施することで実際に得られたメリットとしては，「コスト削減（光熱水費等）」，「環境や社会への配慮による他社との差別化（企業イメージや商品・サービス等）」といった経営に直結するものに加え，「従業員の意識が良い方向（主体的な行動をとる等）に変化」といったメリットの回答割合も高い（**図表Ⅰ－27**）。

　サステナビリティ経営を本業や新規事業に取り入れている企業は「コスト削減（光熱水費等）」を除く全てのメリットに関して，間接的に実施している企業より回答割合が高い。

　特に「環境や社会への配慮による他社との差別化（企業イメージや商品・サービス等）」，「環境対応の必要性が高まっている企業との取引拡大・新規開拓」，「企業イメージの向上による従業員の確保や離職率の低下」については，サステナビリティ経営を本業や新規事業に取り入れている企業の回答の割合が高い。

②　取組み歴が長いほどメリットが生じる

　サステナビリティ経営の開始時期別に分析した結果が**図表Ⅰ－28**である。「コスト削減」がいずれの時期についても最も多い。「他社との差別化」と「従業員の意識の変化」がほぼ同じ水準である。コスト削減については，長期間にわたって取り組んでいる企業の方が，メリットとして回答している割合が高い。逆に，「融資や補助金」については最近の取組み企業の方がメリットとして感じている傾向がある。

　さらに，サステナビリティ経営を実施することで実際に得られたメリットを従業員規模別に見ると（**図表Ⅰ－29**），他社との差別化や取引拡大，従業員の確保や離職率の低下，従業員の意識の変化等，様々な面で従業員規模が大きい企業の方が効果があったとの回答割合が高い。

図表Ⅰ-27 サステナビリティ経営に取り組んだ結果得られた効果・メリット（複数回答）とサステナビリティ経営の実施状況の関係

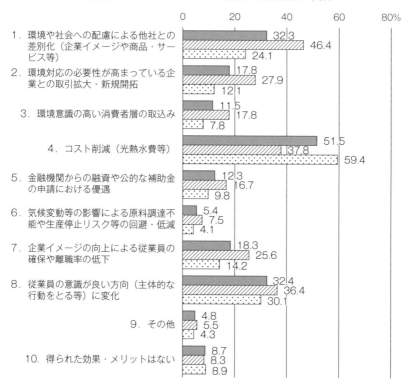

1. 環境や社会への配慮による他社との差別化（企業イメージや商品・サービス等）
   - 32.3
   - 46.4
   - 24.1
2. 環境対応の必要性が高まっている企業との取引拡大・新規開拓
   - 17.8
   - 27.9
   - 12.1
3. 環境意識の高い消費者層の取込み
   - 11.5
   - 17.8
   - 7.8
4. コスト削減（光熱水費等）
   - 51.5
   - 37.8
   - 59.4
5. 金融機関からの融資や公的な補助金の申請における優遇
   - 12.3
   - 16.7
   - 9.8
6. 気候変動等の影響による原料調達不能や生産停止リスク等の回避・低減
   - 5.4
   - 7.5
   - 4.1
7. 企業イメージの向上による従業員の確保や離職率の低下
   - 18.3
   - 25.6
   - 14.2
8. 従業員の意識が良い方向（主体的な行動をとる等）に変化
   - 32.4
   - 36.4
   - 30.1
9. その他
   - 4.8
   - 5.5
   - 4.3
10. 得られた効果・メリットはない
   - 8.7
   - 8.3
   - 8.9

- ■ （n=1789）Total
- ▨ （n=653）1．サステナビリティ経営を実施（本業，新規事業）
- ▨ （n=1136）2．サステナビリティ経営を実施（間接のみ）

図表Ⅰ－28 サステナビリティ経営に取り組んだ結果得られた効果・メリット（複数回答）とサステナビリティ経営の開始時期の関係

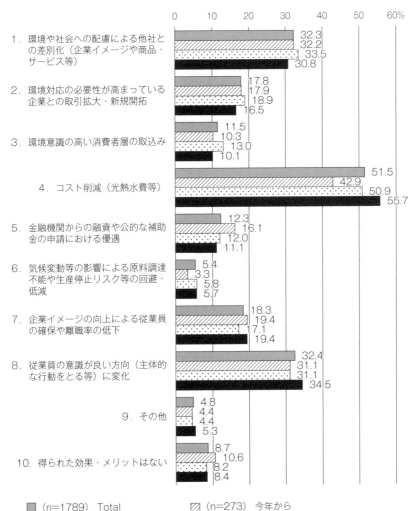

- ■（n=1789）Total
- ▨（n=273）今年から
- ⬚（n=814）2～3年前から
- ■（n=702）4年以上前から（コロナ前から）

図表Ⅰ－29　サステナビリティ経営に取り組んだ結果得られた効果・メリット（複数回答）と従業員規模の関係

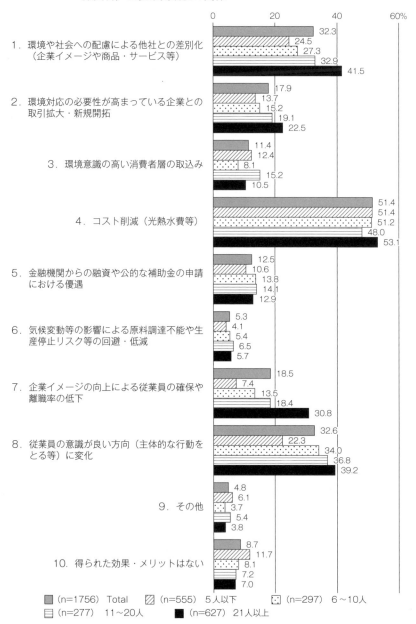

1. 環境や社会への配慮による他社との差別化（企業イメージや商品・サービス等）
32.3
24.5
27.3
32.9
41.5

2. 環境対応の必要性が高まっている企業との取引拡大・新規開拓
17.9
13.7
15.2
19.1
22.5

3. 環境意識の高い消費者層の取込み
11.4
12.4
8.1
15.2
10.5

4. コスト削減（光熱水費等）
51.4
51.4
51.2
48.0
53.1

5. 金融機関からの融資や公的な補助金の申請における優遇
12.5
10.6
13.8
14.1
12.9

6. 気候変動等の影響による原料調達不能や生産停止リスク等の回避・低減
5.3
4.1
5.4
6.5
5.7

7. 企業イメージの向上による従業員の確保や離職率の低下
18.5
7.4
13.5
18.4
30.8

8. 従業員の意識が良い方向（主体的な行動をとる等）に変化
32.6
22.3
34.0
36.8
39.2

9. その他
4.8
6.1
3.7
5.4
3.8

10. 得られた効果・メリットはない
8.7
11.7
8.1
7.2
7.0

■ (n=1756) Total　　▨ (n=555) 5人以下　　▨ (n=297) 6〜10人
▤ (n=277) 11〜20人　　■ (n=627) 21人以上

③　万能な支援策はなく，重層的な支援が不可欠

　図表Ⅰ-30は，サステナビリティ経営において役立った支援を尋ねた質問への回答結果である。「役立った支援はない」が23.6％であり，支援が十分に提

図表Ⅰ-30　サステナビリティ経営に取り組むにあたって役立った支援（複数回答）とサステナビリティ経営の実施状況の関係

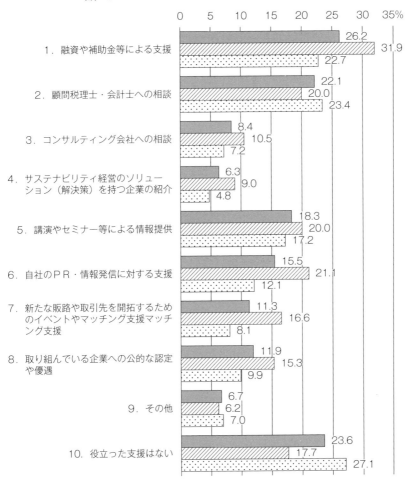

- ■ (n=1718)　Total
- ▨ (n=645)　1．サステナビリティ経営を実施（本業，新規事業）
- ⦂ (n=1073)　2．サステナビリティ経営を実施（間接のみ）

供できていない現状が示唆される。最も選択率が高かったのが「融資や補助金」であり，２番目に多かったのが顧問税理士・会計士への相談であった。ただ，どれか一つの支援策の選択率が非常に高いということはなく，企業の事情に応じて様々な支援策が役に立っていることが示唆される。したがって，支援策の策定においても万能の支援策はなく，様々な支援メニューを用意しておくことが求められる。

　サステナビリティ経営を本業・新規事業に取り入れている企業と間接的にのみ取り入れている企業を比較すると，「顧問税理士・会計士への相談」についてのみ，間接取り入れ企業の方が役に立ったとの回答比率が高かった。残りの選択肢は，全て「本業・新規事業に取り入れている企業」の方が役に立ったとの回答が多かった。

　サステナビリティ経営を本業に取り入れるためには，幅広い支援者の支援が必要なのであろう。

　図表 I −31は，サステナビリティ経営の開始時期別に分析した結果である。「融資や補助金」,「顧問税理士・会計士への相談」に関しては,サステナビリティ経営に取り組み始めてからの期間が短い企業ほど役立ったとの回答割合が高い。逆に言えば，早くから取り組み始めた企業にとって，補助金などの政策支援も乏しかったし，相談に乗ってもらえる税理士等もあまりいなかったためであろう。

　一方,「講演やセミナー等による情報提供」や「取り組んでいる企業への公的な認定や優遇」は，サステナビリティ経営に今年から取り組んだ企業において少なめとなっている。

　図表 I −32には，サステナビリティ経営を実施することに役立った支援を従業員規模別に整理している。「役立った支援はない」の比率を見ると，規模の小さな企業ほど選択率が高い。本来，内部リソースの制約が強い小規模企業ほど支援の効果は大きいと思われるだけに，十分な支援が提供できていない現状が示唆される。

　役立った支援の選択状況を見てみると，「融資や補助金」については，最大規模（21人以上）で若干少ないが，企業規模にかかわらず20％台後半の水準となっている。「顧問税理士・会計士への相談」については，「21人以上」企業で

図表Ⅰ-31 サステナビリティ経営に取り組むにあたって役立った支援（複数回答）とサステナビリティ経営の開始時期の関係

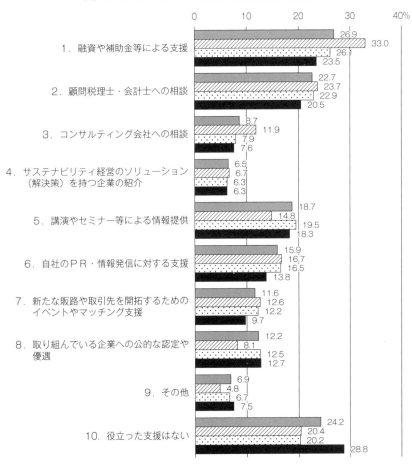

1．融資や補助金等による支援
26.9
33.0
26.1
23.5

2．顧問税理士・会計士への相談
22.7
23.7
22.9
20.5

3．コンサルティング会社への相談
8.7
11.9
7.9
7.6

4．サステナビリティ経営のソリューション（解決策）を持つ企業の紹介
6.5
6.7
6.3
6.3

5．講演やセミナー等による情報提供
18.7
14.8
19.5
18.3

6．自社のPR・情報発信に対する支援
15.9
16.7
16.5
13.8

7．新たな販路や取引先を開拓するためのイベントやマッチング支援
11.6
12.6
12.2
9.7

8．取り組んでいる企業への公的な認定や優遇
12.2
8.1
12.5
12.7

9．その他
6.9
4.8
6.7
7.5

10．役立った支援はない
24.2
20.4
20.2
28.8

■ (n=1675) Total
▨ (n=270) 今年から
⬚ (n=781) 2〜3年前から
■ (n=667) 4年以上前から（コロナ前から）

図表Ⅰ-32　サステナビリティ経営に取り組むにあたって役立った支援（複数回答）と従業員規模の関係

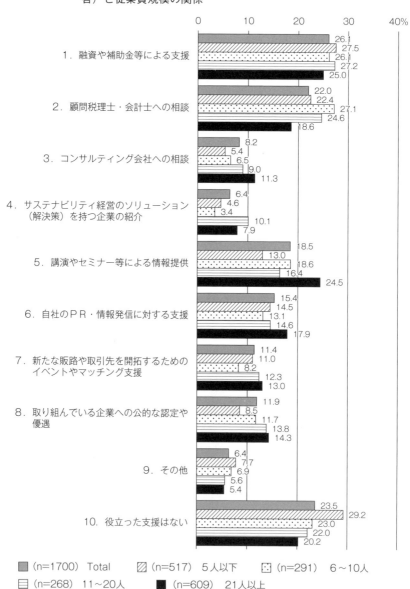

1．融資や補助金等による支援
26.1
27.5
26.1
27.2
25.0

2．顧問税理士・会計士への相談
22.0
22.4
27.1
24.6
18.6

3．コンサルティング会社への相談
8.2
5.4
6.5
9.0
11.3

4．サステナビリティ経営のソリューション（解決策）を持つ企業の紹介
6.4
4.6
3.4
10.1
7.9

5．講演やセミナー等による情報提供
18.5
13.0
18.6
16.4
24.5

6．自社のＰＲ・情報発信に対する支援
15.4
14.5
13.1
14.6
17.9

7．新たな販路や取引先を開拓するためのイベントやマッチング支援
11.4
11.0
8.2
12.3
13.0

8．取り組んでいる企業への公的な認定や優遇
11.9
8.5
11.7
13.8
14.3

9．その他
6.4
7.7
6.9
5.6
5.4

10．役立った支援はない
23.5
29.2
23.0
22.0
20.2

■（n=1700）Total　　▨（n=517）5人以下　　▦（n=291）6～10人
▤（n=268）11～20人　　■（n=609）21人以上

少なめであり，「6～10人」企業で多めになっている。「21人以上」企業では「コンサルティング会社への相談」が最も多いことを踏まえると，大きな企業になるとサステナビリティの専門家に依頼するケースが増えるのだと推測できる。

　また，規模の大きな企業では，「講演やセミナー等による情報提供」も小規模企業に比べると多い。自ら外部の知見を獲得するための努力をしている企業が多いのであろう。

第2章

サステナビリティ経営の
ベストプラクティス

　第1章でのアンケート調査では平均的な状況を知ることはできたが，先進的な企業の取組みについては明らかにすることは難しい。また，アンケート調査からは，われわれの仮説を支持する結果が得られたと考えているが，より丁寧に実際の企業の声を聞くことで，議論を補強したいと考えた。

　そこで，サステナビリティ経営の優れた実践者であることで知られている中小企業経営者へのインタビュー調査に基づき，サステナビリティ経営のベストプラクティスについて分析した。その結果は，以下に説明するように，サステナビリティ経営が中小企業の経営基盤の強化につながること，業績にかかわらず取り組まれていることなどが明らかとなり，われわれの仮説を補強できた。さらに，その効果・メリット，課題などについても具体的な意見が得られた。

1　インタビュー調査の概要

(1)　インタビュー調査の目的

　調査研究の目的に記載した，初期仮説を検証するために，アンケート調査を行ったが，アンケート調査回答のデータ分析だけでは，実際の中小企業経営者の考え方，成果や課題のとらえ方，中小企業支援策に対する要望などを把握することが難しい面がある。

　このため，インタビュー調査を行い，中小企業のサステナビリティ経営のベストプラクティスを探る中で，初期仮説に対する検討を行った。

(2)　ベストプラクティスの抽出

　中小企業における「サステナビリティ経営」のベストプラスティスについてインタビュー調査を通じて明らかにした。

　インタビュー調査対象企業は，各種文献，大同生命サーベイ回答企業，企業経営者との接点を有する大同生命支社からの推薦などを組み合わせて抽出した。なお，業種のバランスにも配慮することとし，大同生命サーベイでの回答数が多い，卸・小売業，サービス業，製造業，建設業を対象とした。インタビュー調査対象企業の一覧は**図表Ⅰ−33**の通りである[4]。

図表Ⅰ−33　インタビュー調査対象企業

業種	企業名	所在地	従業員数	概要
卸小売業	斉藤商事株式会社	埼玉県富士見市	13名	ユニフォーム製造を通じてSDGsに取り組む
	アイパック株式会社	東京都大田区	13名	食品包装を通じフードロス削減に貢献
サービス業	大福コンサルタント株式会社	鹿児島県鹿児島市	100名	地域の未来を提案する建設コンサルタント
製造業	中外製網株式会社	石川県金沢市	104名	SDGsにより業務全般を見直し，新事業を展開
	株式会社ニシト発條製作所	大阪府大阪市	22名	経営にSDGsの視点を導入し，積極的に発信
建設業	株式会社山翠舎	長野県長野市	25名	・古民家の再生・移築・解体 ・建築・商業施設内装の古木専門施工 ・商業施設（飲食・物販）内装の設計および施工 ・造作家具・木製建具・古木の加工製作および販売 ・飲食店開業支援サービスの提供 ・イベント・コワーキングスペース施設等の運営

2　インタビュー調査結果

(1)　サステナビリティ経営は長期的な経営力を高める

　「サステナビリティ経営企業とそれ以外の企業では，経営姿勢（将来を見据えた視点など），SDGsの認知度や事業活動への影響度合いに有意な差異があるか？」という問題意識をもとに，インタビュー調査を行った。

　アンケート調査結果では，サステナビリティ経営を実施している企業は，SDGsの認知度も高く，名称・内容ともに知っている企業も80％以上であることや，サステナビリティ経営を本業や新規事業に取り入れている企業に関しては，SDGsの名称・内容ともに知っている割合が86.8％と非常に高くなっていることが確認されている。また，自社の将来を検討する際に見据えている期間が長い方が，サステナビリティ経営の実施割合が高くなっている。

　インタビュー調査では，これらのデータの背景を探っている（図表Ⅰ－34）。サステナビリティ経営を実践している企業は，経営者が経営理念・企業理念に基づき，中長期的な視点を有し，事業活動を行い，経営の透明性を高める努力や従業員との協働を進め，環境や社会にも配慮する姿勢が見られる。このようにサステナビリティ経営は，現実を踏まえつつ，将来を見据えた経営を行うことであり，中小企業の経営基盤の強化に資するものである。

(2)　短期業績目的ではなく長期視点で取り組んでいる

①　持続可能性を高めるために必要な取組みと認識されている

　ここでは「サステナビリティ経営の導入は，景況感・業績との相関はあるか？」という問題意識をもとに調査を行った。

　アンケート調査結果では，サステナビリティ経営を実施している企業は，サステナビリティ経営を実施していない企業に比べ，同業他社比で業績が相対的

　4　インタビューの実務および整理は，事務局である三菱UFJリサーチ＆コンサルティング株式会社のスタッフが担当した。

図表Ⅰ-34　インタビュー調査での経営者のコメント(1)

- ✓ 「満足から感動へ　感動から感謝される企業でありたい」を企業理念に掲げ，ユニフォームの販売を通し，環境・社会・経済の持続可能性の向上を目指している。その実現のためには自社のみならず，地域社会，お客さま，従業員それぞれの事を考える事が必要だと当時（取組み前以前）から考えていた。（斉藤商事株式会社）
- ✓ 経営理念・運営方針は「親切をモットーにお客さまと接し，信頼される製品を作り，人々が幸せに生活できる会社とする」。SDGsは2030年がゴールではあるが，その先も何かあると思うので，将来を見据えて，経営者が考え続けることが重要。（株式会社ニシト発條製作所）
- ✓ 限りある資源を生かして，安全・安心な地域社会をつくり，社員も笑顔になる。それを経営理念にしている。そして，再エネ，リサイクルの促進や健康経営の推進など，本業に直接かかわる部分だけではなく，多様な側面で幅広い取組みをしている。（株式会社大福コンサルタント）
- ✓ 当社は，ミッション・ビジョンのみならず，「存在意義＝パーパス」を経営理念として社内外にわかりやすく示し，長期的な視座で「逆算型」の経営を実践している。（株式会社山翠舎）
- ✓ SDGsが普及する以前から掲げている「漁業者の持続発展」が企業理念。漁業者，次に日本全体として考えた時に，食料自給率に課題があるため，今後も農業や漁業は欠かせないはずである。自分にも子供がいるが，食料自給率が低いままで，どうやって生きていくのかと考えている。そのためにも漁業を守らないといけない。（中外製網株式会社）

に良い傾向にあった。従業員規模別に見ても，同様の傾向を確認している。

　インタビュー調査では，業績の良し悪しがサステナビリティ経営に取り組む動機に影響するわけではなく，自社や社会全体の持続可能性を高めるために必要な取組みと考えた結果，サステナビリティ経営に着手していることがわかる（図表Ⅰ-35）。そして，長期間にわたってサステナビリティ経営の取組みを継続することができれば，自社の強みを伸ばし，競争力を高めることになり，自社のビジネスにとってプラスになると考えられる。具体的には，コロナ禍の影響を受けたものの，サステナビリティ経営の中核的な事業の売上が伸びているという事例もあった。

　サステナビリティ経営を実践している企業におけるサステナビリティ経営の導入のタイミングは，ここ1，2年から20年程度とバラつきがある。導入後，約20年というケースでは，この間には大きな景気変動もあったため，当然，企

図表Ⅰ-35　インタビュー調査での経営者のコメント(2)

✓ SDGs の取組みにはコストがかかる部分もあるが，環境配慮の重要性を社内外に意識させることで得られる持続可能性は，費用対効果も非常に高いものだと実感している。事業基盤である環境・社会を守り・増強することで経済を守り，事業を持続的に成長させることが，社員の幸せにもつながると思っている。そのためにも以前から導入している ISO14001 の取組みも継続していく。(斉藤商事株式会社)

✓ SDGs に取り組むことで，すぐに利益が出るわけではないが，無料の広告効果があり，応援してくれる人が増え，またいっしょに仕事したいという人が増え，その結果，どこでバネを買うかということになると「ニシトで買おう」というようにつながっていく。さらに，カーボンニュートラルを追求すれば，SDGs をやっている企業で買おうということにもなるはずだ。時代の流れである SDGs に合わせてサステナビリティ経営に変える方がプラスになる。(株式会社ニシト発條製作所)

✓ サステナビリティ経営を，すぐに本業の売上や収益につなげていくことは難しい面がある。コスト重視でサステナビリティ経営に全く関心がない顧客企業には，なかなか関心を持ってもらえないのが現実だろう。(アイパック株式会社)

✓ サステナビリティ経営に取り組む目的は，コスト削減だけではない。サステナブルな社会の実現に向けて社員の意識が高まり，物事を自発的にやるようになった。こうした取組みが職場環境の良さにつながり，働きやすさにもつながる。(株式会社大福コンサルタント)

✓ SDGs は儲かっているからやっているのではない。SDGs は「最大級の思いやり」だと解釈している。思いやりの連続でしか SDGs は進まない。社内の思いやり，感謝が無いと，うまくいかない。(中外製網株式会社)

業業績や景況感に上下の変動がある。しかしながら，長期的に取組みを継続することで，経営の安定性が高まり，そのことが業績にプラスに働いている可能性は高い。また，導入のタイミングにかかわらず，短期的な目先の利益を追求するためにサステナビリティ経営を行っているわけではない，という考えも示されていた。

② きっかけは特別なものではないが，経営者が高い感度を持っていた

　もう一つの問題意識は「サステナビリティ経営に取り組んでいる企業は，何をきっかけとして導入を決定したのか？」ということである。

　アンケート調査結果では，サステナビリティ経営を本業・新規事業に取り入れている企業は，自社製品・サービスの競争力の向上といった売上高や業績に

図表Ⅰ－36　インタビュー調査での経営者のコメント(3)

- ✓ 現在のサステナビリティ経営につながるきっかけは，（20年前の）環境配慮に取り組むISO14001を取得したことにある。（斉藤商事株式会社）
- ✓ （ISO14001に関する）会議で数値化した取組みの結果を出していくと，経営者や金融機関の意向も社員に伝わりやすくなった。それが現在のSDGsの取組みにそのままつながっている。（斉藤商事株式会社）
- ✓ 地元自治体が地域企業によるSDGs活動団体を立ち上げた。その団体にかかわっている企業経営者が親しくしている方だった。また，その方は中小企業家同友会の活動もしており，自分も参加している。そうした経緯でSDGsに取り組むようになり，これらの企業経営者は，今も一緒に活動する仲間となっている。SDGsを知らなかったら，これからは困るということを言われたのは2021年。勉強会に参加したのは2021年の秋からなので，それほど前から取り組んでいたわけではない。（株式会社ニシト発條製作所）
- ✓ ここ数年，SDGsというキーワードが新聞等で取り上げられるようになってから，食品ロスを含めた食品管理の問題への関心がさらに強くなり，当社でもサステナビリティ経営を意識するようになった。SDGsがメディアで取り上げられ始めた頃から，顧客企業からもキーワードが出るようになり，気になって調べるようになった。（アイパック株式会社）
- ✓ ISO 9001だけでなくISO 14001は20年前に取得し，社員のサステナビリティに対する認識も高まり，業務に良い影響を与えている。（株式会社大福コンサルタント）
- ✓ 三代目の社長となってから，自らの原体験を見つめ直し，自社の強みを再認識した結果，古木を活かしたサステナビリティ経営にたどり着く。「持続可能な開発目標（SDGs）」の考え方もごく自然なもので，むしろ時代が追いついてきた感覚であった。（株式会社山翠舎）
- ✓ 魚の生態系が変わり，漁獲できる魚種が変わってきている。地球温暖化に対するアクションをとらないといけないというところからサステナビリティ経営に着眼した。SDGsを社内的にも共通言語として3年前から取り組み始めた。（中外製網株式会社）

直結する要因以外にも，地域経済の発展への貢献や，サステナビリティ経営が自社の企業理念・経営理念と一致していることが契機だとする回答の割合が高い。

　アンケート調査で指摘されたきっかけについて，サステナビリティ経営に取り組んでいる企業のインタビュー調査結果を見ると，自社のビジネスモデルがサステナビリティ経営と一致している，大企業・官公庁との取引深耕，環境マネジメント規格の導入，周囲の経営者・専門家との交流，行政の後押しなどとなっている（図表Ⅰ－36）。

　このように導入のきっかけは，様々な場面で生じているものであり，サステナビリティ導入のきっかけとなるような出来事は，多くの企業が経験しているはずである。導入を決定したのは，経営者がサステナビリティ経営の重要性，将来性，必要性を意識し，自社に取り入れようとする意思があったからである。その背景には，導入することによって，自社のビジネスの変革，競争力の向上，外部環境変化への適応，社内の人材育成といった成果が得られるとの期待がある。

(3)　取り組むうえでの課題の解消に工夫して対処している

①　実践を通じて課題を解決している

　ここでは「サステナビリティ経営に取り組んでいる中小企業の課題は何か？」という問題意識をもとに調査を行った。

　前述のように，アンケート調査でのサステナビリティ経営を実施していない企業の課題は，最も多いのが「詳しい人材が不足」で，「適切な相談・提携先が見つからない」，「社内の理解が得られない」，「資金が不足」と続いている。一方，サステナビリティ経営を本業・新規事業に取り入れている企業，間接的に取り入れている企業の中で，サステナビリティ経営に4年以上前（コロナ禍前）から取り組んでいる企業では，人材不足を課題と挙げている企業の割合は低い。長期にわたって取り組むことで，人材不足が解消されつつあることが示唆される。

　つまり，サステナビリティ経営に取り組んでいるうちに，人材不足，ノウハウ不足，資金不足といった，多くの企業において導入の課題となっている要素は解消しつつあることがわかる。

　インタビュー調査の中でも，サステナビリティ経営を継続することで，人材育成の効果があったことや新たなビジネスが生まれている例があり，継続的な取組みによって，多くの企業が課題だと指摘する点が解消されつつあることが示唆された（図表Ⅰ－37）。

　そして，すでにサステナビリティ経営に取り組んでいる企業は，一歩前に進んだ課題が示されており，今後，何に取り組むのかという方針の決定，社内での一層の浸透，取組みの成果を社外から正当に評価してもらうといったことである。中でも，社員の意識改革や顧客・消費者からの評価といったことには，

図表 I −37　インタビュー調査での経営者のコメント(4)

（サステナビリティ経営に取り組む中小企業の課題）

✓ サステナビリティ経営戦略は長期的なものであるため，一定程度の予測が可能となる。どのような変化が起きようとしているのかを理解し，どのように対応するかを見極めることが大切だと思う。その変化に対応できるのか，対応できない部分があるとしたら何が足りないのかを考え，変化の波を泳ぎ切ることが求められるため，社会の潮流を見逃すことなく将来を見据えることが重要課題だと思う。（斉藤商事株式会社）

✓ サステナビリティ経営や SDGs について地元の金融機関や取引先からも「どうしたらよいか」と聞かれることも増えてきた。もともと ISO 14001 を考慮した環境負荷削減のために，電力削減，コピー用紙削減，ゴミ廃棄量削減など簡単な取組みから始まったことがきっかけなので，「簡単にできますよ」と言っている。もちろん，当社の取組み内容は全て話しているし，今は，環境・社会の両立＝事業活動＝経済活動の時代になってきている。それを念頭に置き，そのためにできることから始めれば良いと思う。（斉藤商事株式会社）

✓ 儲かっているから SDGs の取組みをやっているわけではないが，経営者である以上，数字で結果が語れないといけない。本当は SDGs の活動で何％利益が出たか，を示せると良いが，その方法は確立できていない。（株式会社ニシト発條製作所）

✓ 真空袋・真空包装により，食品の保存力を高めることで，食品ロスの低減に貢献したいと考えている。また，食品のごみ袋等の薄型化も提案しながら，先行的に取り組んでいる。SDGs への対応を考え始めているものの，やはり大企業が中心で中小企業では難しいと感じる面もある。しかし，顧客企業とタイアップすることで，消費者の意識を変えていきたい。（アイパック株式会社）

✓ ギフトの商談が来た際に，SDGs の提案をしているが，SDGs への理解がまだ不足していることが課題である。食品ロス削減など自社事業との関係が明確なテーマだけではなく，もっと深く理解することが必要だと感じている。（アイパック株式会社）

✓ サステナビリティ経営について，社員の意識を変え，社内に定着させるまでには手間と時間がかかる。会社の経営理念に共感してもらわないと新たな挑戦や実行ができないので，小さな成功体験の積み重ねを重視する。結果や成果が出てくると，半信半疑だった人もついてくるようになる。（株式会社山翠舎）

✓ 官公庁の評価を受け，その評価点で受注が変わるが，今後も行政が環境，地域社会への貢献度など，公正な企業の評価を行ってほしい。（株式会社大福コンサルタント）

時間や労力がかかることが指摘されている。

②　自力での対応が基本だが，外部の支援を効果的に活用している

　ここでは「支援機関のどのようなサポートが役立ったか，サステナビリティ経営の効果・メリットは何か？」という問題意識をもとに調査を行った。

図表Ⅰ-38　インタビュー調査での経営者のコメント(5)

（支援機関のサポート）
- ✓ SDGsの活動については，メガバンクが主催するセミナーの受講，同業他社との意見交換，など可能な限り現地に出向き情報収集している。そういう付き合いの中で，アドバイスやヒントがある。企業が参加しやすい，身近な親睦会みたいな場があれば，取組みの輪が広がる。サステナビリティ経営の「輪を広げていく」ことが重要だと思う。（斉藤商事株式会社）
- ✓ 地元自治体が地域企業のSDGs活動団体を立ち上げた。役所内のSDGs宣言コーナーに自社の取組みが掲示されることになった。自社がそういうことができるようになったのは，仲間や地域の行政がSDGsの導入をけん引してくれたから。だから，SDGsに取り組まないといけないと思うようになった。行政（のトップ）が表彰してくれるのはありがたい。表彰してもらったからといって，すぐに利益に結びつかないと思うが，販売チャンスは広がる可能性はある。（株式会社ニシト発條製作所）
- ✓ サステナビリティ経営は，業界全体の問題ととらえている。商工会議所や業界団体での講習などで勉強しながら，サステナビリティ経営には自分たちで工夫して取り組んできた。（株式会社大福コンサルタント）
- ✓ 県のSDGsパートナーに登録しているのは，対外的な情報発信を意識しているから。官公庁からの事業を受託して，インフラ整備に貢献するということは，「地域環境をよくすること」である。今後も活動を継続していきたい。（株式会社大福コンサルタント）

　アンケート調査によれば，「融資や補助金」が最も多く，「顧問税理士・会計士への相談」が続いていたが，企業の事情に応じて様々な支援メニューが活用されているようであった。例えば，サステナビリティ経営の開始時期別に分析した結果では，融資や補助金，顧問税理士・会計士への相談に関しては，サステナビリティ経営に取り組み始めて期間が短い企業ほど役立ったとの回答が多かった。

　インタビュー調査対象企業では，独力で導入に取り組んでいるケースが多かったが，アンケート調査結果にもあった通り，行政，支援機関，金融機関，商工会議所，業界の集まり，専門家といった外部機関も活用している（**図表Ⅰ-38**）。これらの外部機関を導入時に活用することもあれば，導入後，社外に取組みを情報発信する方法として行政の仕組みを活用したり，また金融機関から取引先の紹介を受けるといった形で活用している例もあり，取組み状況に応じて活用していることがわかった。

③　多様なメリットが生まれている

　アンケート調査結果におけるサステナビリティ経営の効果・メリットは，主にコスト削減，他社との差別化，従業員の意識変化である。

　インタビュー調査でのサステナビリティ経営の効果・メリットについては，より幅広い内容が把握できた（図表Ⅰ−39）。具体的には，社員教育効果や社員の意識の高まり，人材定着・人材確保，取引先からの認知，新たなビジネスへの挑戦などが挙げられており，取組みを継続することで，経営力が向上しつつあることがわかる。また，製品・サービスの競争力が高まり，業績面への寄与が認められるケースも出てきている。

　また，アンケート調査の中で，サステナビリティ経営の実施企業は，同業他社と比較してコロナ禍による業績への影響が小さい企業の割合が大きいことが明らかとなった。また，4年以上前（すなわち，コロナ禍発生前）から取り組んでいる企業は，影響がとても小さい，やや小さいと回答した割合が高い結果となった。つまり，継続的な取組みは，外部環境の大きな変化に対する経営の安定性をもたらす可能性がある。インタビュー調査の中では，先に述べたように，コロナ禍においても，サステナビリティ経営の中核的な事業の売上が伸びているという事例もあったが，業績に関しては個々の企業を取り巻く状況による。

　しかしながら，業績以外の面では，人材採用に効果があり，取引先の拡大や社員の主体的な行動などに効果として表れており，事業環境の変化への対応が可能な経営力の向上が見てとれる。

④　新たな気づきも得られたとの声も多い

　新たな気づきとしては，自社を取り巻く様々なステークホルダーとのパートナーシップが重要であり，社内においてはサステナビリティの視点を社員が共有することで，社員の主体性が高まり，自発的な取組みがなされるようになる例もあった（図表Ⅰ−40）。

　つまり，社内外とのつながりが強固になるとともに，拡大することで，多方面にわたるパートナーシップが形成され，環境変化に柔軟に対応できる企業へと成長していると考えられる。

図表Ⅰ－39 インタビュー調査での経営者のコメント(6)

（サステナビリティ経営の効果・メリット）

✓ 社長だけではなく，社員もSDGsを意識するようになった。一人ひとりが方針やビジョンを理解して取り組むことで，サステナビリティ経営に取り組むことができ，企業のさらなる成長を目指すことが可能になる。これが，本当のSDGs経営，サステナビリティ経営だと思う。小さい組織だからこそサステナビリティの考え方を社内に浸透させやすいことも当社の強みだと思う。（斉藤商事株式会社）

✓ 同じことをやっても都会と小さな町では違いが出る。例えば自社の周辺の清掃を始めると，周りの会社も清掃をやり始めるといった，良い循環型の環境貢献の輪が広がっていった。小さな町だからこそ影響力が大きい，これもまた当社の強みである。そして，社員だけではなく，社員の家族まで，そういう取組みが波及していくことになった。（斉藤商事株式会社）

✓ 人材の採用面でも大きな効果が得られている。また，SDGsに取り組んでいるということが周囲から認知されてきていることを実感している。取引先のメガバンクも当社の取組みを知ったうえで，新たな顧客を紹介してくれるという取組みの輪が広がっている。（斉藤商事株式会社）

✓ 社会保険労務士の手取り足取りの指導を受け，半年間にわたって，自社ビジネスの振り返りから始まって，ビジョンを作るところから，事業計画を作るところまで取組みを行った。その結果，自社のビジネスがいくつかのゴールと結びついていることが理解でき，自社の強みが何かも明らかになった。そして，2021年秋からの半年間の指導（勉強会）をフル活用して，ビジョンや事業計画を作り上げ，自社ウェブサイトも2022年7月にはリニューアルした。（株式会社ニシト発條製作所）

✓ 食品ロス問題への対応やPRをすることで，本業である包装資材や機械・設備が売れる。現在は，消費者に直接販売しない企業が中心だが，今後は，SDGs等を踏まえ，消費者に近い事業を手がけ，新規顧客を開拓していく予定である。（アイパック株式会社）

✓ 数年前に息子に社長を譲り，経営をバトンタッチした。新社長は，会社の中にいろんな委員会を立ち上げ，社員が様々な形で提案をするようになっている。社員同士のコミュニケーションが活発になり，モチベーションも高まっている。また，新卒採用に効果がある。（株式会社大福コンサルタント）

✓ 社内で委員会活動を始めた。組織力を強化する委員会を立ち上げ，どのようにエンゲージメントを高めていくかを考えてもらう。委員会は単年度でメンバーが変わっていく事で様々な人が話せる機会を与える。どうやって楽しく仕事ができるだろうかとみんなで考えるような組織づくりを進めている。その結果，従業員からSDGsのワードが多く出てくるようになった。社員の間に浸透してきた。SDGsの意識レベルも調査をしており，認知，周知のアンケートを取っていて，93%がSDGsが必要だと思うというレベルまできている。（中外製網株式会社）

図表Ⅰ-40　インタビュー調査での経営者のコメント(7)

（サステナビリティ経営を通した気づき）

- ✓ 「17 のゴールは全てが桶の板である」と教えてもらった。一つでも抜けると，桶の中の水が抜けてしまう。全てのゴールはつながっているので，どこかだけが突出してもダメ。当社は「バネ屋」であるが，林業や漁業とバネがクロスすると，何かできないか？と考えたりする。17 ゴールを意識するとそういう発想ができる。そういう意味では，一番大切なのは，17 番目のパートナーシップということになる。（株式会社ニシト発條製作所）

- ✓ 自社の真の強みを深く理解したうえで掘り下げ，マーケットインの発想でどの分野に応用していけるかを常に考えている。表層的ではなく，自分では気づいていない強みを様々な人に聞いてまわると良い。また，会社案内をつくることもお薦めする。あれもこれもと発散してしまうこともあるが，バージョンアップを図ることで必ず次のステージにいける。（株式会社山翠舎）

- ✓ 具体的に行動に落とし込むために，社内の全体会議でも，経営計画の各部門の戦略の中に，必ず SDGs のターゲットを入れた戦略作成をお願いしている。戦略を作る幹部以上は必ず SDGs のゴールを意識するようになっている。そうした取組みの中の具体的な行動の一例が，サプライチェーンの中で，原料を仕入れるところから始まるが，原料メーカーも同じような視点をもっているので，過剰梱包をしなくなった。また，回収した製品をマテリアルリサイクルするビジネスにも取り組み始めた。（中外製網株式会社）

- ✓ 今後は藻場の再生に取り組む。魚が減って，磯やけが進み，CO_2 吸収量が落ちてきている。この状況が進めば魚は減り続け収入が減ってしまう。藻場の再生に力を入れていかないと魚も増えない，CO_2 吸収率も上がらないのでこちらに着眼していて，漁業者と大学教授と，どのように藻場を再生できるか相談している。これらをビジネスとしてできるように考えている。こうした取組みはボランティアだと持続性が失われるので，漁業者と当社が将来もウイン・ウインとなるような形を目指して取り組んでいる。（中外製網株式会社）

2 中小企業のサステナビリティ経営の実践事例： 先駆者からのメッセージ

(1) 斉藤商事株式会社　代表取締役　尾島敏也氏

■企業概要

- ●設立：1976年12月6日（創業1941年4月）
- ●資本金：1,200万円
- ●従業員：13名
- ●事業概要：繊維製品（主に企業ユニフォーム）の企画・製造・卸・小売
- ●所在地：〒354-0014　埼玉県富士見市水谷1丁目1番地27号
- ●ホームページ：https://www.saitoshoji.co.jp

斉藤商事株式会社のウェブサイトには，「SDGs
の取り組み〜トップメッセージ〜」が掲載され
ており，そこには，「サステナビリティ…すべて
は未来へ。未来に選ばれる企業を目指して。」と
いう見出しとともに，代表取締役の尾島敏也氏
（以下，尾島社長）のサステナビリティ経営に対
する想いが語られている。「できることから始め
ています」と書かれているが，その活動内容は
多岐にわたり，全社をあげて取り組んでいる様
子が伝わってくる。ここでは，サステナビリティ

経営に取り組んだきっかけ，その特色や成果，そして，中小企業経営者の方々
へのメッセージを紹介したい。

■事業概要

斉藤商事株式会社の主なビジネスは，オーダーメイドの企業向けユニフォー
ムの企画開発・製造・販売である。その顧客は，誰もが知っているような大手

自動車メーカーやタイヤメーカー，国内大手ドラッグストアチェーンなどの大企業から，地元エリアの様々な業種の企業や団体など，非常に幅広い。

　そうした多様なお客さまに納入するユニフォームは，2013年以降，カーボン・オフセット[5]を標準仕様にしている。ユニフォームを導入する企業がSDGsを達成するための具体策としてもらえるように，地球環境保全だけではなく，LGBT，ジェンダーの課題解決につながるようなユニフォームも製作している。

■サステナビリティ経営の背景・きっかけ

　メインの顧客である大手企業は，環境に対しても高い意識を持っており，尾島社長はISO14001を取得することにした。当時（2004年頃）は，埼玉県内ではISO14001を取得した中小企業は珍しく，これが現在のサステナビリティ経営につながるきっかけとなった。加えて，自社の企業理念にもかかわるが，自社・自分だけが儲かるだけではなく，地域社会，お客さま，従業員のことを考えることが必要だと，当時から考えており，尾島社長は「社長だけではなく，社員とともに，ISO14001に取り組んでいこう」と考えた。

　ISO14001には思わぬ効用があり，効果的な社員教育のツールとなった。PDCAサイクルをつくり，QCサークル的な活動を続けるうちに数年経つと，社員が事業内容を数値化することができるようになった。月1回の定例会議で数値化した取組みの結果を示すと，経営者や金融機関の意向も社員に伝わりやすくなった。こうした活動の継続が現在のSDGsの取組みにそのままつながっている。

　5　カーボン・オフセット：経済活動などで排出された二酸化炭素などの温室効果ガスに対して，植林・森林保護などの温室効果ガスの削減活動等に投資して，温室効果ガスを相殺（オフセット）すること。

　また，大同生命広報誌「one hour」にサステナビリティ経営の取組みが掲載されたことで，全国各地からの問合せが増えてきた。加えて，経済産業省をはじめ環境イベント等への参加要請もくるようになった。SDGsによって，社外とのつながりの輪が広がり，今では，社員から自発的にアイデアが出てくるような組織に変わってきた。これは自社のサステナビリティにもつながっている。

■サステナビリティ経営の特色：
ユニフォームを通じて，お客さまのサステナビリティ経営を支援

　尾島社長は「ユニフォームは，それを着ることによって社員の意識が変わり，モチベーションを上げる機能を持っている」と考えている。ユニフォームには，時代の変化と共に，デザイン性や機能性，着心地などがプラスして求められているのだが，そのユニフォームに，環境保全活動への貢献を示す「カーボン・オフセット」というタグを付けることで，その企業の社員だけではなく，ユニフォームを着るパート・アルバイトさんにも「環境に貢献しているんだ」という意識をもってもらえるようになる。これがユニフォームの提供を通じて当社が目指していることである。そして，当社のユニフォームを着用してもらうことにより，環境，SDGsを自然と意識するようになり，共に環境保全活動に貢献することができる。当社が提供するユニフォームはそのツールとなっている。

　SDGsの取組みにはコストがかかってしまう部分もあるが，当社のSDGsに対する実績や提案が評価され，一番コスト高の提案にもかかわらず，コンペで採用された実例もある。環境配慮の重要性を社内外に意識させることで得られる持続可能性は，費用対効果も非常に高いと実感している。

■中小企業経営者へのメッセージ：
まわりの会社には「簡単にできますよ」と伝えている

　尾島社長によれば，サステナビリティ経営に取り組んでいることで，新卒採用においても，学生がSDGsの取組みについて，ビックリするくらい質問してくるそうである。そういうときにも，実際にこういう取組みをしているということがいえる。同じように，中途採用についても募集すれば，かなり応募がある。人材の採用面でも大きな効果が得られている。

　今では，社員だけではなく，社員の子どもたちまでもが，SDGsに取り組んでいることを意識しているという。尾島社長自身も，斉藤商事がSDGsに取り組んでいるということが周囲から認知されてきていることを実感している。取引先のメガバンクも当社の取組みを知ったうえで，新たな顧客を紹介してくれ，取組みの輪が広がっている。

　尾島社長は，自社で取り組むだけではなく，行政の制度も積極的に活用している。埼玉県が運営している「埼玉県SDGsパートナー」[6]にも登録している。同社のSDGsへの取り組みの内容は幅広く，女性従業員の割合が高いという職場環境であることからも多様な働き方への対応を進めており，多様な働き方実践企業「プラチナ」認定も受けている。

　尾島社長は，サステナビリティ経営やSDGsへの取組みについてまわりの会社から相談を受けることもある。その時には「SDGsは簡単にできますよ」と伝え，「取り組むきっかけさえ，つかめればできますよ」といっている。地元の信用金庫からも「どうしたらよいか」と良く聞かれる。多くの企業が，悩んでいるということがわかってきたが，同じように答えている。

　ただし，サステナビリティ経営に取り組むのは，儲かるからといって取り組んでも継続しない。当社の場合もISO14001を一生懸命導入し，20年以上取組みを継続しているが，導入したものの，途中でやめているところもたくさんある。当社の場合は，社員教育にもつながるし，社員を幸せにしたいと思っているので取組みを継続させてきた。

　最後に，尾島社長の話をうかがって感じたことは，取り組むことは簡単かもしれないが，その取組みが社員の意識を変え，効果を生み出すまで継続する，その意思がなければ，真のサステナビリティ経営にはならないということである。「言うは易く，行うは難し」ということであろう。しかしながら，その一方で「できることから始めています」という言葉もいただいた。性急に効果を求めるのではなく，中長期的な経営課題として取り組むことにして，まずはその第一歩を踏み出すことが重要だということであろう。

　6　埼玉県SDGsパートナー：SDGsに自ら取り組むとともに，その実施内容を公表する県内企業・団体等を県が登録する制度。全国各地で同様の登録制度が運営されており，登録されることで特典が得られる場合もある。

(2)　株式会社山翠舎　代表取締役社長　山上浩明氏

■企業概要

- ●設立：1930年 7 月28日（創業　昭和 5 年）
- ●資本金：3,000万円
- ●従業員：25名
- ●事業概要：古民家の再生・移築・解体，建築・商業施設内装の古木専門施工，商業施設（飲食・物販）内装の設計及び施工，造作家具・木製建具・古木の加工製作及び販売，飲食店開業支援サービスの提供，イベント・コワーキングスペース施設等の運営
- ●所在地：長野本社　〒381-0022　長野県長野市大字大豆島4349-10
  　　　　　東京支社　〒150-0012　東京都渋谷区広尾 3 -12-30　1 F
- ●ホームページ：https://www.sansui-sha.co.jp

　株式会社山翠舎の山上代表取締役社長（以下，山上社長）が想いを込められた「Company Book（会社案内)」は圧巻である。一つ一つのことばを大切にし，デザインを含めて細部までこだわり，同社のこれまで，いま，これからについて洗練されたストーリーを紡ぐ。

　ここでは，山上社長へのインタビューでうかがった同社の「サステナビリティ経営」の背景・きっかけやその特色，取組みのポイントやコツ，そして中小企業経営者の方々へのメッセージについて紹介したい。

■事業概要

　株式会社山翠舎は，創業昭和 5 年の歴史ある企業である。内装工事を本業とし，古民家活用，「古木®」専門施工，家具・プロダクト製作販売，飲食店開業支援「OASIS（オアシス)」，地域活性街おこし，その他新規プロジェクト等の多様な事業を手がけている。

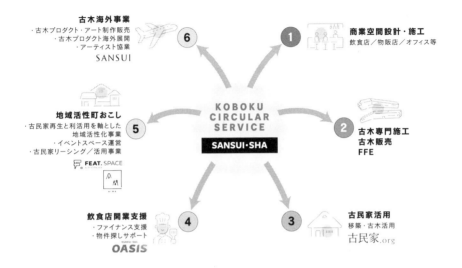

山翠舎の事業
資源の循環を中心に、人・モノ・地域へ広がる事業

また，『「温古創新（おんこそうしん）」歴史・伝統を温（たず）ね，新たな価値を創る』というミッション，『2030年（創業100周年）までに，古民家・古木で循環型社会を実現する会社になる』というビジョン，『歴史・伝統を継ぎ，幸せがめぐる社会を創る』という存在意義（パーパス）を掲げており，地域に根づき，リードしていけるような会社を目指している。

■サステナビリティ経営の背景・きっかけ

山上社長は，三代目で，祖父は建具職人，母方の祖父が材木商である。1980年から，同社は海外から古い木材を購入し，設計・施工をしてきた。山上社長も高校の頃から，古い木材は価値があって使えるのに廃棄されてしまうことも多く，もったいないと感じていた。大学に進学してからも環境・エネルギー問題を研究し，サステナビリティに対する意識も高まっていった。

その後，IT業界を経て同社に入社したが，下請けの施工会社であることを課題と感じていた。元請けに進んでいこうと思い始めた頃，古民家の解体や古材の廃棄を目のあたりにし，それらを扱う新たなビジネスを考えるようになった。

　こうして，三代目の社長となってから，自らの原体験を見つめ直し，自社の強みを再認識した結果，古木を活かしたサステナビリティ経営にたどり着く。山上社長にとっては，「持続可能な開発目標（SDGs）」の考え方もごく自然なもので，むしろ時代が追いついてきた感覚であった。

■サステナビリティ経営の特色：「古木®」専門施工の強み

　同社の強みは，古材のプロフェッショナルとして，それらを活用した住宅や飲食店，商業施設等の設計・施工にある。古木専門施工は，山上社長が自社の強みを活かしたもので，熟練の職人の知恵と技を活かしながら，飲食店や商業施設に古木を使うことで落ち着いた空間を演出することができる。現在，古木の在庫は常時5千本に上る。

　また，先端技術の活用や知的財産経営も重視し，「古木®」（KOBOKU）を商標登録するとともに，ビジネスモデル特許として，トレーサビリティシステムを申請した。古木に番号を記載し，建てられた年代・場所・サイズ・木材の種類などの情報を残しておくことで，古木のルーツをたどれるようにしている。デジタル管理技術として，3Dスキャニングを導入し，古木の所有者・ストーリーが含まれたデータを用いたKOBOKUのプラットフォーム化を図ることで，新たな市場と価値の創造を目指している。

　さらに，古木専門施工として，同社が古木の調達・管理，施工状況に応じた加工・発送業務等を手がけ，建設会社は設計や施工に専念できる仕組みを構築しようとしている。企業が利益率を上げていくためには，スケーラビリティを活かした発想が必要となると考え，デザイン会社，建築家，工事業者等と広く連携している。すでに，2023年5月開業予定のインターコンチネンタルホテルズグループの「VOCO大阪セントラル」など複数の施設でプロジェクトを推進している。特に，大型プロジェクトでは，同社が古木専門施工に特化し，バックエンジンになることで，事業の拡大を目指している。

■サステナビリティ経営のポイント：
自社の真の強みを掘り下げ，「魅せる」経営へ

　古木を軸とした全体の売上はすでに10億円を超えており，サステナビリティ

山翠舎の古民家活用

山翠舎は持続可能な開発目標（SDGs）を支援しています

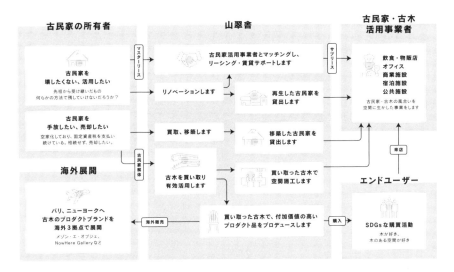

　経営も軌道に乗り出している。しかし，山上社長は，自社の強みをさらに掘り下げ，コワーキングスペースの運営や飲食店の開業支援事業「OASIS（オアシス）」として，設計・施工から顧客開業支援まで一気通貫のプロデュースにも挑んでいる。

　例えば，オアシス事業は，「未来の老舗をつくる」という想いのもと，飲食店の開業準備を一手に引き受ける料理人応援システムである。飲食店の開業にまつわる様々な不安を払拭するため，物件探しから資金調達，施工後のサポート等をワンストップで手がけるものである。具体的には，オアシスによって，物件契約における信用補完，事業計画と公的支援で信用創造をし，事業に必要なヒト・モノ・カネ・情報をつなぎ，信用を強化することができる。

　同社が各所から相談が入る空き家など困りごとがある物件を借り，飲食店をはじめ適材適所で，物件の特性や向いている業態に合わせた最適なマッチングを提案する。1件1件丁寧に向き合い，相談を受けることで，料理人だけでなく，物件オーナーの安心感も増すようになる。

　山上社長は，「古木専門施工やオアシス事業のように，自社の真の強みを深

く理解したうえで掘り下げ，マーケットインの発想でどの分野に応用していけるかを常に考えている。表層的ではなく，自分では気づいていない強みを様々な人に聞いてまわると良い。また，会社案内をつくることもお薦めする。あれもこれもと発散してしまうこともあるが，バージョンアップを図ることで必ず次のステージにいける」としている。こうして，自社の強みの飽くなき掘り下げによって，同社の企業イメージは向上し，取引先のみならず，金融機関，各種メディア等に注目され，取材依頼が絶えない。結果的にパブリシティも強化され，いわば「魅せる」経営を実現している。

■サステナビリティ経営のコツ：
社員は「クルー」，グループ制と若手リーダーの登用

　サステナビリティ経営の起点となるのは，当然のことながら自社の社員である。山上社長は，ともに働く大切な仲間を，従業員や社員というのも味気ないと考え，「クルー」と称している。経営を大海原への航海にたとえ，会社という船に乗っている一人ひとりがクルーであり，社員が幸せでなければ顧客や地域にも幸せを分けられないと考えている。

　しかし，社員の意識を変え，社内に定着させるまでには手間と時間がかかる。会社の経営理念に共感してもらわないと新たな挑戦や実行ができないので，小さな成功体験の積み重ねを重視する。結果や成果が出てくると，半信半疑だった人もついてくるようになる。社員全員が腹落ちをして，やってくれるかどうかが勝負となるため，新たにグループ制を採用した。若手社員をグループリーダーに登用し，まとめ役としたことで，現場が円滑にまわり始めているという。

　また，大工の不足が深刻化し，質が低下する中で，同社では若手の大工がスキルを習得して腕前を磨き，活躍の場を広げている。その様子は，テレビ番組「ガイアの夜明け」でも取り上げられた。

■中小企業経営者へのメッセージ：
サステナビリティ経営によって好循環の創出へ

　同社は会社の規模は小さくとも，ミッション・ビジョンのみならず，「存在意義＝パーパス」を経営理念として社内外にわかりやすく示し，長期的な視座

山翠舎の考える「おもいやりの循環」

山翠舎は持続可能な開発目標（SDGs）を支援しています

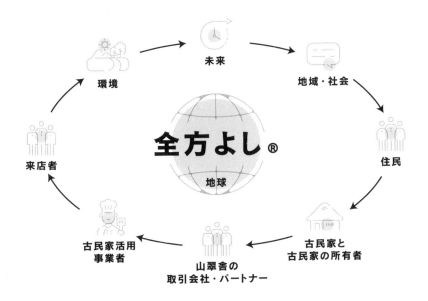

で「逆算型」の経営を実践している。

　三代目となる山上社長が，「古木」の強みを再認識し，新たなビジネスを立ち上げたことがきっかけで，環境・社会に配慮したサステナビリティ経営を加速した。その後，自社の真の強みの飽くなき掘り下げによって，古木専門施工から「オアシス」事業など顧客支援までを手がけるようになっている。目先の短期的な利益にとらわれることなく，サステナビリティ経営を実践したことで，結果的に業績にも好影響が出始めている。

　また，同社の事業は，古民家の再生を通じて，事業者や利用者にもメリットをもたらすとともに，環境負荷の低減にもなり，社会や地域の課題解決につながる。まさに，サステナビリティ経営の実践は，三方よしならぬ，「全方よし®」による「おもいやりの循環」の関係づくりである。山上社長の考えに基づき，社員の意識を変えるとともに，社内外のステークホルダーを引き寄せ，「ガイアの夜明け」や「がっちりマンデー」などのテレビ番組をはじめ多数のメディ

アに取り上げられ，出版にもつながっている。こうして「魅せる」経営を実現することで経営力をさらに高め，好循環を生み出しつつある。サステナビリティ経営の粋を詰め込んだ山翠舎の経営からの学びは大きい。

(3)　株式会社ニシト発條製作所　専務取締役　西尾光司氏

■企業概要

- ●設立：1950年8月（創業1946年8月）
- ●資本金：5,000万円
- ●従業員：22名
- ●事業概要：バネ，金属加工品，シャッター用部材・建築用部材製造
- ●所在地：〒537-0002　大阪市東成区深江南3丁目9番29号
- ●ホームページ：https://nishito.com

　株式会社ニシト発條製作所は，「数十万種以上を製造してきた実績があり，オフィスでも空港でも様々なところで使用されるバネの設計を提案してきた経験」をもとに，あらゆるバネのコンサルタントを標榜するバネに関するプロフェッショナルである。同社の経営理念・運営方針は「親切をモットーにお客さまと接し，信頼される製品を作り，人々が幸せに生活できる会社とする」である。

　この会社の経営を2022年11月に父から引き継いだのが，兄で代表取締役の西尾恵太郎氏と専務取締役の西尾光司氏である。

　西尾専務に，2021年秋から取り組み始めたサステナビリティ経営に対する想いを語ってもらった。

　ここでは，サステナビリ
ティ経営に取り組んだきっか
け，その特色や成果，そして，
中小企業経営者の方々への
メッセージを紹介したい。

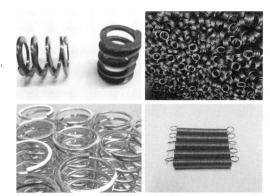

■事業概要

　株式会社ニシト発條製作所
の主なビジネスは，小ロット
品，試作品など，1個単位から注文に対応するバネの開発・製造・販売である。
その技術を活かして，金属加工品，シャッター用部材・建築用部材製造も手掛
けている。そうしたバネは，我々が何気なく目にしているオフィス，空港，信
号機など，さまざまな場所に使われている。

■サステナビリティ経営の背景・きっかけ

　同社がSDGsに取り組むきっかけとなったのは，東成区長がSDGsを推してい
たことや周りの中小企業が取り組もうとしていたためである。子どもたちが
知っているSDGsを「知らない」というわけにはいかないとも感じていたそうだ。
大阪市東成区からの支援を受けた「ひがしなりソケット」という地域企業の
SDGs活動団体が立ち上がっていたが，その団体にかかわっている企業経営者
と親しく，また，東成区の中小企業家同友会の活動もしていたことから，
SDGsに取り組む企業経営者とのつながりができ，活動するようになった。

　そうした活動の中で，ひがしなりソケットの主要メンバーの社会保険労務士
との出会いがあった。この社会保険労務士は，「SDGsは自社のビジネスを整理
するための道具ではなくて，SDGsというのは，ビジネスチャンスであり，
SDGsはビジネスの将来をさし示すものなので，SDGsを使って自社のビジョン
を作れば，だれしもが『そうだな』と納得できるビジョンが作れる」と話して
いた。そこで，社会保険労務士の手取り足取りの指導を受け，半年間にわたっ
て，自社ビジネスの振り返りから始まって，ビジョンを作るところから，事業
計画を作るところまで取組みを行った。その結果，自社のビジネスがいくつか

のゴールと結びついていることが理解でき，自社の強みが何かも明らかになったという。そして，2021年秋からの半年間の指導（勉強会）をフル活用して，ビジョンや事業計画を作り上げ，自社ウェブサイトも2022年7月にはリニューアルしている。

■ サステナビリティ経営の特色：SDGsは何か特別なことをしている　わけではない

西尾専務によれば「SDGsが先にあって，それを社内に落とし込もうとしたわけではなく，社内でやっていたこと，こうしたいと考えていたことを，SDGsに結びつけただけなので，社員にしてみると，普段やっていることにそのまま取り組んでいる」だけだという。例えば，当社では社員が働く意欲があれば，年齢に関係なく働いてもらうことになっている。65歳を過ぎても，給与は下がるものの，継続雇用する。これは高齢者を退職させて，若い人材を採用するということが難しかったという事情があったかもしれないが，これをSDGsの視点から見ると，ずっと働き続ける場所を提供し続けることができるのは，素晴らしいことだ，という気づきにつながっている。

世間のものさしにあてはめて，新陳代謝のために社員を一定の年

齢でやめさせるのではなく，人が人間らしく生き続ける場所を提供できるのは
よいことだと認識できたことで，自社の経営のあり方に対する自信につながっ
ている。そして，先代から引き継いだ経営に関しては，守るべきものを守り，
変えていくべきものは変える，という方針で取り組んでいる。

　こうした取組みを「ひがしなりSDGsアンバサダー認証第3期企業のSDGs取
組み発表会」でプレゼンした結果，東成区長賞を受賞し，外部からの高い評価
も得ている。

■サステナビリティ経営のこれから：サステナビリティを意識すること がビジネスチャンスに

　西尾専務はSDGsの勉強会の中で，「17のゴールは全てが桶の板であり，桶の
板が一つでも抜けると，桶の中の水が全て抜けてしまう」というたとえ話が印
象に残っているという。全てのゴールはつながっているので，どこかだけが低
いとダメだということを意味するそうだ。

　そうした視点で自社のビジネスを見ると，17ゴールのうち半分くらいにかか
わっていることが明らかになっているが，今，取り組んでいないゴールであっ
ても，すべてのゴールがつながっているという意識をもつことで，新たなビジ
ネスチャンスが生まれると考えている。「自社はバネ屋だが，林業や漁業とバ
ネがクロスすると，何かできないか？」と考えたりするという。17ゴールを意
識するとそういう発想が生まれてくる。そういう意味では，一番大切なのは，
17番目のパートナーシップということになる。

■中小企業経営者へのメッセージ：サステナビリティ経営に取り組んで 損なことは何もない

　西尾専務は「甲子園に出ようと思っていない高校が甲子園に出ることはでき
ない。それは，ビジョンは大きく持っている方がよいという意味である。企業
経営において，高いところを目指すことで，何も損をすることはなく，自分が
やりたいことは，声に出して言おうと思っている。大人になると，奥ゆかしく
なってしまい，そういう思いを忘れてしまうのではないか」という。

　実際に，SDGsに取り組むことで，すぐに利益が出るわけではないが，無料

の広告効果があり，応援してくれる人が増え，また一緒に仕事したいという人が増え，その結果，どこでバネを買うかということになると「ニシトで買おう」というようにつながっていく。さらに，カーボンニュートラルを追求すれば，SDGsをやっている企業で買おうということにもなるはずである。時代の流れであるSDGsに合わせてサステナビリティ経営を変える方がプラスになるという考えはその通りだろう。

　とはいえ，西尾専務によると，自社の場合は現在の取組みをSDGsに紐づけただけの段階で，次のステップに上がっていくところがまだできていない段階にあるため，これからどうするかを考える必要がある。SDGsの達成目標年は2030年であるが，その先の将来を見据えたサステナビリティ経営を考え続けることが重要だと考えている。

　こうした同社の取組みに役立っていることが，行政の支援である。同社は2022年10月には大阪市東成区が募集していた「東成区SDGs宣言」を行っている。区内の大企業も宣言

しているが，同社は区内で３番目の宣言となった。こうした行政の制度を積極的に活用することで，営業や販売のプラスになっている。

　さらにサステナビリティ経営が，経営改善につながったという他社の事例や利益が出たという事例を共有して，サステナビリティ経営の取組みの輪を広げようとしている。

　西尾専務の話をうかがい，行政や経営者仲間，専門家とつながり，サステナビリティ経営の輪を広げていくこと，つまり，自社で取り組むだけではなく，行政や他社，専門家など関係者を巻き込む，パートナーシップがいかに大切であるか，その重要性をあらためて感じることができた。

第3章

サステナビリティ経営の実践に向けた示唆

最後に，以上の研究結果を踏まえ，中小企業における「サステナビリティ経営」の現況，それらの実践に向けた中小企業経営者への示唆やメッセージをまとめた。

1 中小企業における「サステナビリティ経営」の現況

ここでは，本研究結果を踏まえ，中小企業における「サステナビリティ経営」の効果・メリット，課題・困りごと，課題解決の方法についてポイントを示す。

⑴ 「サステナビリティ経営」の効果・メリット

大同生命サーベイの結果から，サステナビリティ経営を実施している企業は，コスト削減，他社との差別化，従業員の意識変化などの効果・メリットを感じていることが示されている。また，本業や新規事業で実施する企業は，環境・社会への配慮による企業イメージの向上やブランド化，商品・サービスの改善や新規開発による他社との差別化，間接的に実施する企業は，光熱水道費の地道なコスト削減等の効果を感じている。さらに，それらの取組みを通じて，従業員が主体的な行動をとるなど意識が良い方向に変化していると考えられる。

ベストプラクティス調査からも，従業員のモチベーションの向上など「人」

の意識変革が土台となり，時間をかけながら焦らず取り組むことで，様々な効果・メリットを感じられるようになることが示されている。

(2)　「サステナビリティ経営」の課題・困りごと

大同生命サーベイの結果から，サステナビリティ経営を実施・未実施企業のいずれも，それらに詳しい人材が不足していることが最大の課題となっていることが示されている。また，サステナビリティ経営を実施していない企業は，適切な相談・提携先が見つからない，資金が不足する，社内の理解が得られない等の課題を抱えていた。

ベストプラクティス調査からも，サステナビリティ経営の最大の課題は，やはり「人材」であり，ひとたび従業員の意識が変われば，サステナビリティ経営の起点・原動力となることが示されている。

(3)　「サステナビリティ経営」の課題解決方法

大同生命サーベイの結果から，中小企業における「サステナビリティ経営」の課題解決に向けて実際に役立った支援としては，「融資や補助金等による支援」，「顧問税理士・会計士への相談」，「講演やセミナー等による情報提供」，「自社のPR・情報発信に対する支援」などが多く，資金の確保のみならず，専門家や支援機関への相談，地道な情報収集などが課題解決の糸口になっていることが示されている。

ベストプラクティス調査からも，サステナビリティ経営の推進に向けて，行政，支援機関，金融機関，商工会・商工会議所，業界団体，専門家といった外部機関を企業の取組み状況に合わせて活用していることが示されている。

2　サステナビリティ経営の実践に向けた示唆・メッセージ

ここでは，本研究結果を踏まえ，中小企業における「サステナビリティ経営」の実践に向けた示唆，中小企業経営者の皆さまへのメッセージを示す。

(1)　サステナビリティ経営は，遠回りにも見えるが，長期的な経営力向上への近道になる

サステナビリティ経営は，数歩先の将来を見据えた「逆算型の経営」によって実現する。日々の業務の中で現実を直視しつつ，環境・社会的な配慮により，あえて引いた目線から遠くの将来を見据えることで視界が開けてくる。その際，自社の経営理念や存在意義（パーパス）や中長期の経営計画の策定，会計の見える化等によって，経営の基盤を整えることが重要である。

サステナビリティ経営は，一見負担増で遠回りにも思えるが，自社の真の強みを再認識することで，経営基盤の強化や新たなビジネスの創出につながり，長期的にはその負担を補ってあまりある経営力の向上につながる可能性がある。

【調査研究結果のポイント】

> **＜大同生命サーベイ＞**
> ●サステナビリティ経営に取り組む企業は，中長期経営計画を策定している企業が多く，SDGsの認知度との相関も正で高い。
> ●従来の環境・社会的な配慮に加え，それらを支える，経営理念の確立や会計の見える化（月次決算など）も重視している。
>
> **＜ベストプラクティス調査＞**
> ●サステナビリティ経営に取り組む企業は，中長期的な視点を有し，経営している。その根幹には，経営者が経営理念・企業理念にもとづき，事業活動を行い，経営の透明性を高める努力や従業員との協働を進め，環境や社会にも配慮する姿勢がある。

(2)　サステナビリティ経営は，企業規模や業績によらず取り組むことができる

サステナビリティ経営は，大企業や業績が良い企業だけが取り組むものではない。企業規模や業績にかかわらず，継続して取り組めるものであり，業績が

厳しい中小企業でも現状の打破につながる可能性がある。

　サステナビリティ経営は，その重要性，将来性，必要性を経営者自らが意識し，導入する意思さえあれば実践のハードルは低く，自社のみならず，「多方よし（多方面のパートナーシップ）」を意識した経営によって実現できる。

【調査研究結果のポイント】

＜大同生命サーベイ＞
- ●サステナビリティ経営と企業規模や業績との相関は正で高いが，企業規模や業績にかかわらず，積極的に取り組んでいる事業者がいる。
- ●サステナビリティ経営の取組みのきっかけは，自社製品・サービスの競争力の向上に加え，自社の企業理念・経営理念との一致や地域経済の発展への貢献等となっている。

＜ベストプラクティス調査＞
- ●長期間にわたって取組みを継続することで，経営の安定性が高まり，業績にプラスに働く可能性は高い。また，短期的な目先の利益を追求するためにサステナビリティ経営を行っているわけではない，という考えも示されている。
- ●業績が良い・悪いということがサステナビリティ経営に取り組む動機に関連しているというよりも，自社や社会全体の持続可能性を高めるために必要な取組みと考えている。

---

(3)　サステナビリティ経営は，環境変化に対応できる「打たれ強い経営」につながる

　サステナビリティ経営は，コロナ禍をはじめとする事業環境の変化やショックに耐えられる「打たれ強い経営」につながる。会計の見える化など企業統治力の向上と相まって，いわば，ワクチンのように経営の免疫力を高められる可能性がある。

　また，サステナビリティ経営の課題解決には，専門家や支援機関等の外部資源の利活用も不可欠で，導入する場面，社内で展開する場面，社外との交流や

社外への情報発信をする場面，それぞれにおいて，適切な外部資源を選択し，利用することが有効である

【調査研究結果のポイント】

<大同生命サーベイ>

●コロナ禍以降にサステナビリティ経営に着手した企業は業績面での好影響がまだ十分に出ていない場合もあるが，コロナ禍前から長期にわたって取り組む企業には，企業規模にかかわらず好影響があり，事業環境の大きな変化に対する経営の強靭化をもたらす可能性がある。

<ベストプラクティス調査>

●サステナビリティ経営の推進に向けて，行政，支援機関，金融機関，商工会・商工会議所，業界の集まり，専門家といった外部機関も活用している。これらの外部機関を導入時に活用することもあれば，導入後，社外に取組みを情報発信する方法として行政の仕組みを活用したり，また金融機関から取引先の紹介を受けるといった形で活用している例もあった。企業の取組み状況に合わせて活用されている。

3 中小企業における「サステナビリティ経営」を推進するために

　中小企業のサステナビリティ経営を推進するために，すでに国や自治体，支援機関，専門家などにより，様々な支援が実施されている。今後，サステナビリティ経営に取り組もうとする中小企業は，これらの外部機関が提供するサービスを利用することが近道となる。

　また，サステナビリティ経営は，継続的に取り組むほど，多様な効果が得られることが明らかとなっているため，導入するかどうかを検討することに時間をかけ，失敗するリスクを恐れるよりも，経営者が取り組む意思を持ち，「まずは，やってみる」ことが重要である。

　サステナビリティ経営に取り組もうとする際には，人材不足，相談先・提携

先が見つからないといった課題はあるが，これらの課題は取組みを継続することで，徐々に解消するものである。

したがって，今後，中小企業においてサステナビリティ経営を推進していくには，経営者の取り組もうとする意思を後押しするような施策が有効であろう。補助金制度による誘導や法整備等による導入推進といった方法もあり得る。しかし，それだけではなく，アンケート調査やインタビュー調査から浮かび上がってきたのは，中小企業経営者同士の付き合いや自治体・支援機関・業界団体・専門家とのつながりの中に，取り組むきっかけがあったということである。中小企業にとって，自治体や支援機関の利用はハードルが高いかもしれないが，身近な存在である顧問税理士や会計士であれば，相談することも容易である。こうした，身近な専門家を活用することも有効と考えられる。

また，サステナビリティ経営の概念を自社の経営理念と照らし合わせると，多くの点で両者はつながっている。これらのことから，中小企業経営者に対しては，サステナビリティ経営に対する情報提供に加えて，企業との接点を有する支援者側からの積極的な働きかけを行うことが重要である。

なお，大同生命保険株式会社では，「大同生命サステナビリティ経営支援プログラム」を通じて，中小企業のサステナビリティ経営を推進するとともに，「大同生命サーベイ」を通じて，サステナビリティ経営に関する情報提供を行っている。本研究の結果についても同様に，中小企業経営者に対して積極的な情報提供をしていく予定とされている。

外部環境変化の大きく，不確実性が増す時代であるがゆえに，「サステナビリティ経営」の重要性はさらに高まっており，中小企業における経営力の向上に資するものとなるであろう。

第Ⅰ部の参考文献

- 青柳仁士［2021］『小さな会社のSDGs実践の教科書―1冊で基礎からアクション，マネジメントまでわかる―』翔泳社
- 一般財団法人アジア太平洋研究所［2022］「関西における地域金融面からの事業支援の課題 ―ポストコロナを見据えた地域金融のあり方―」
- 環境省［2020］『持続可能な開発目標（SDGs）活用ガイド（第2版）』

- 近畿経済産業局，独立行政法人中小企業基盤整備機構［2021］『中小企業のためのSDGs活用ガイドブック』
- 金融庁［2022］「説明資料」「サステナビリティ開示に関する関係府省会議（第1回）」
- 経済産業省［2019］『SDGs経営ガイド』
- 経済産業省［2022］「伊藤レポート 3.0（SX 版伊藤レポート）：サステナブルな企業価値創造のための長期経営・長期投資に資する対話研究会（SX 研究会）報告書」
- 坂野俊哉・磯貝友紀［2021］『SXの時代〜究極の生き残り戦略としてのサステナビリティ経営』日経BP
- 白井旬［2022］『経営戦略としてのSDGs・ESG』合同出版
- 独立行政法人中小企業基盤整備機構［2022］『中小企業の SDGs 推進に関する実態調査』
- 一般社団法人 中小企業診断協会［2020］「中小企業のSDGs 経営推進マニュアルに関する調査研究報告書」
- 株式会社帝国データバンク［2021］「SDGs に関する企業の意識調査（2022 年）」
- 株式会社日本能率協会コンサルティング（JMAC），株式会社日本能率協会マネジメントセンター（JMAM），株式会社日本能率協会総合研究所（JMAR）3 社合同調査［2022］「サステナビリティ経営課題実態調査 2022」
- 一般財団法人 日本立地センター［2021］『2020年度 中小企業のSDGs認知度・実態等調査 概要版』
- 野村佐智代／日本ベンチャービジネスコンソーシアム編［2022］『中小企業のSDGs―求められる変化と取組みの実例―』中央経済社
- 大同生命保険株式会社「大同生命サステナビリティ経営支援プログラム」
  https://www.daido-life.co.jp/knowledge/sustainability_initiative/
- 大同生命保険株式会社『中小企業経営者アンケート調査「大同生命サーベイ」』各月版
  ＜例：サステナビリティ経営関連テーマ＞
  2019年 9 月「中小企業における環境変化と経営課題」
  https://www.daido-life.co.jp/knowledge/survey/201909.html
  2021年10月「SDGsの取組み状況」
  https://www.daido-life.co.jp/knowledge/survey/202110.html
  2022年 9 月「サステナビリティ経営の取組み状況」
  https://www.daido-life.co.jp/knowledge/survey/202209.html

- 経済産業省　SDGs関連サイト
  https://www.meti.go.jp/policy/trade_policy/sdgs/index.html
  https://www.kanto.meti.go.jp/seisaku/sdgs/index.html
- 国際連合広報センターウェブサイト
  https://www.unic.or.jp/
- 国際連合「責任投資原則（PRI）」
  https://www.unpri.org/download?ac=14736

参考 大同生命サーベイについて

大同生命保険株式会社

　大同生命では,「中小企業の永続的な発展に貢献したい」という想いから,全国の中小企業経営者の皆さまのご協力のもと,中小企業の景況感や経営課題の解決に向けた取組みなどに関するアンケート調査を「大同生命サーベイ」として2015年10月より毎月実施しています。

　調査の概要は**図表参－1**に示したとおりです。毎回質問している定例調査と,その時々に実施している個別テーマや当月のトピックスに関する月別調査とを合わせて実施しています。

　調査の企画設計やレポートの作成公表に関しては,神戸大学経済経営研究所や外部のコンサルティング会社の協力を得ています。

　開始した当初の回答企業数は4千社程度でしたが,現在では約1万社から回答をいただいています(**図表参－2**,各月により異なる)。

　回答数が増えるとともに世間での認知度も高まりつつあり,新聞や情報誌などで紹介されるケースが増えているほか,中小企業庁が公表する「中小企業白書」にも調査結果が紹介されています(2021・2022年度版)(**図表参－3**)。神戸大学経済経営研究所と大同生命との共同研究でも,大同生命サーベイの調査結果をそのベースとして活用しています。

図表参－1　サーベイ概要

調査対象	・全国の中小企業経営者:約1万社(各月により異なる)
調査内容	・定例:景況感(DI) ・月別:個別テーマ＋当月のトピックス
調査方法	・調査票(アンケート)形式 ・大同生命の営業職員が訪問(またはオンライン面談)のうえ対面調査
調査サイクル	・各月の月初から下旬まで1ヵ月調査(年12回) 　翌月末に調査結果の月次レポートを公表 ・年1回年間レポートを公表(7月)

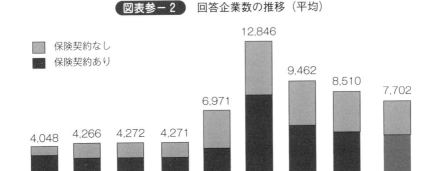

図表参-2 回答企業数の推移（平均）

保険契約なし
保険契約あり

12,846
9,462
8,510
7,702
6,971
4,048 4,266 4,272 4,271

2015 2016 2017 2018 2019 2020 2021 2022 2023年度
（4〜10月）

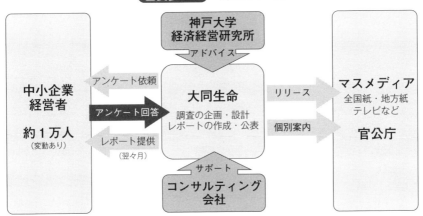

図表参-3 調査スキーム

神戸大学
経済経営研究所
アドバイス

中小企業
経営者

約1万人
（変動あり）

アンケート依頼
アンケート回答
レポート提供
（翌々月）

大同生命
調査の企画・設計
レポートの作成・公表

サポート
コンサルティング
会社

リリース
個別案内

マスメディア
全国紙・地方紙
テレビなど

官公庁

　これまでの調査テーマは次頁のとおりです。「事業承継」や「健康経営」、「販路開拓」などの基本的なテーマについては定期的に状況を把握し，その変化を確認しているほか，2020年以降はコロナ禍における中小企業の状況を随時確認しています。

　調査結果は「月次レポート」としてまとめており，大同生命ホームページ（右の二次元コードからアクセス可能）より確認できます。経営のヒントとして，経営者の皆さまにお役立ていただけますと幸いです。

https://www.daido-life.co.jp/knowledge/survey/

＜調査テーマ＞ ※太字は「事業承継」「健康経営」「販路開拓」に関するもの

	2015	2016	2017	2018
4 月	－	地域経済との関わり	労働時間の縮減，同一労働同一賃金	**健康経営**
5 月	－	経営者の労働実態と生産性向上策	取引拡大に向けたIT活用	**販路開拓**
6 月	－	永続的発展に向けた取組み	助成制度の活用	経営者の労働実態
7 月	－	資金繰り	電力小売自由化	（個別テーマなし）
8 月	－	災害への備え	災害への備え	ITの活用実態
9 月	－	人材確保	企業間連携	成長投資
10 月	介護の影響	相続対策	知的財産の保護・活用	人材確保と働き方改革
11 月	健康への意識とストレスチェック制度	中小企業等経営強化法の活用	仕事と介護の両立	災害への備え
12 月	**事業承継**	1年の振り返り，来年の抱負	1年の振り返り，来年の抱負	1年の振り返り，来年の抱負　キャッシュレス決済
1 月	マイナンバー制度	成長投資に向けた資金需要	**事業承継**	**事業承継，M&A**
2 月	**後継者の育成，M&Aの活用**	働き方改革と賃上げ意向	人材確保	賃上げ意向，人材への投資・定年年齢の実態
3 月	マイナス金利政策の影響	**健康経営**	賃上げの意向，海外事業展開	平成の振り返り，"令和"への期待

2019	2020	2021	2022	2023 年
仕事と介護の両立	新型コロナの影響	緊急事態宣言の影響とウィズ・コロナ時代の事業展開	新規顧客・販路の開拓	新規顧客・販路の開拓
外国人労働者の雇用実態	テレワーク実施状況	コロナ禍での資金繰りと金融機関との関わり	資金繰りと今後の業績	資金繰り
消費増税による影響	新型コロナの資金繰りへの影響	テレワークとデジタル化	企業を取り巻くリスクへの備え	事業承継
災害への備え	ウィズ・コロナ時代の取組み	自然災害・感染症への備え	健康経営	企業を取り巻くリスクへの備え
健康増進	自然災害・新型コロナ等への備え	コロナ禍における事業承継	事業承継	健康経営
環境変化と経営課題	事業承継と後継者育成	健康経営	サステナビリティ経営	リスキリング
資金調達と金融機関との関わり	コロナ禍における人材確保・育成	SDGs の取組み状況	がん対策	サステナビリティ経営
働き方改革	健康経営	仕事と介護の両立支援	インボイス制度への対応	中小企業のがん対策
1 年の振り返り，来年の抱負＋環境問題	1 年の振り返り，来年の抱負＋情報セキュリティ対策	1 年の振り返り，来年の抱負	1 年の振り返り，来年の抱負＋今後の賃上げ意向	1 年の振り返り，来年の抱負
販路開拓	ウィズ・コロナ時代の販路開拓	がん対策	多様な人材の活躍に向けた取組み	インボイス制度への対応
補助金・助成金の活用実態	がん対策	経営者の労働実態	価格交渉の実態	時間外労働の上限規制
（中止）	社員の働きやすい環境づくり	人手不足感と賃上げ意向	経営に関するアドバイスの活用，改正労働基準法への対応	中小企業のDX 推進

第Ⅱ部

ドイツ中小企業からの学び

（研究代表者）山本　聡　東洋大学経営学部経営学科　教授

第4章

ドイツ中小企業の経営力と経営姿勢

1　調査研究概要

(1)　調査研究の背景・問題意識

　ドイツ中小企業と聞いてどのようなイメージを持つだろうか。ドイツには機械金属や化学など，世界有数の国際競争力を有する製造業が存在し，世界のサプライチェーンのハブとなっている（Teixeira and Tavares-Lehmann, 2022）。そして，ドイツ製造業は高付加価値な製品やサービスを生み出し，同国の経済成長の源泉となっている（Trianni et al., 2019）。Made in Germanyと聞けば，マイスターと呼ばれる職人が腕を振るい，高品質の製品が多いというイメージを持つ方も少なくはないのではないだろうか。また10年近く前に，Industrie4.0とも呼ばれたドイツにおける技術革新とそれを取り巻く産業政策が日本でも注目され，メディアにもしばしば取り上げられていたことを思い出し，デジタル化が急速に進んでいるというイメージを持つ方もいると思われる。そして，ドイツ製造業の国際競争力の基盤になっているのが，中小企業である。連邦制を採用しているドイツにおいては，歴史的にも地域ごとの特徴がある。そのため，各地域に特色のある中小企業も多い。

　本共同研究では，日本企業と比較してドイツ企業の生産性が高いことを示す

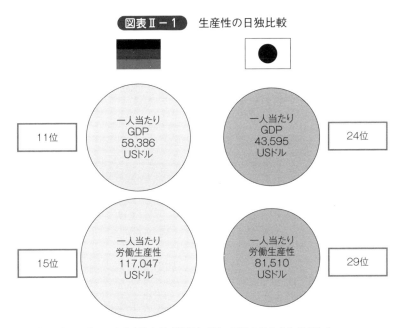

図表Ⅱ－1　生産性の日独比較

（出所）公益財団法人日本生産性本部「労働生産性の国際比較」より筆者作成

文献が散見される[1]ことを踏まえ，まずドイツ企業の生産性の高さに着目した。生産性が高いということは，「高い付加価値を生み出している企業が多い」，「利益を上げている企業が多い」ということである。その要因を探ることは日本の中小企業経営に対しても，多くのヒントを与えることにつながるのではないだろうか。

　また「隠れたチャンピオン」（Hidden Champion）という言葉を聞いたことがある方もいるかもしれない。隠れたチャンピオンとは，ニッチながら世界で活躍する中小・中堅企業である。ドイツには国際的に高い競争力を有する企業が多いということは，日本および世界で注目されてきた[2]。しかし，その詳

1　公益財団法人日本生産性本部「労働生産性の国際比較」や隅田（2017，2021）などがある。
2　Simon（1996），Simon（2009）が「隠れたチャンピオン」という言葉を世界的に提示した。これらの文献は翻訳され，日本にも広く紹介されている。

しい実態まではあまり知られていない。特に小規模企業に関しても，隠れた
チャンピオンのような議論が当てはまるのかについて十分な検討がなされてい
るとは言えない。そこで，東洋大学経営学部経営学科 教授 山本聡と大同生命
保険株式会社は，小規模企業を含めたドイツ中小企業経営の特徴を可能な限り
可視化しながら，日本の中小企業経営に関する示唆を提示することにした。

(2) 共同研究の方法

　本共同研究では，ドイツ中小企業の実態や経営上の特徴を分析した国内外の
文献を広くサーベイし，定性的な記述や入手可能なデータを用いた分析を行う
文献調査の方法を採用した。その際，国際ジャーナルなど海外の学術文献も対
象にしている。また，文献調査を通じて得られた情報や示唆を補強したり，よ
り具体的な取組みを把握したりする観点から，ドイツ中小企業の実態に詳しい
有識者やドイツの専門機関，ドイツ中小企業経営者，ドイツ中小企業と取引の
ある日本の中小企業経営者などに対するヒアリング調査を行った。

2 ドイツ中小企業の実態

　多種多様なドイツ中小企業の実態を網羅的に整理することは難しい。しかし，
ドイツ中小企業の実態として，「小規模企業に『活力』がある」，「輸出志向が
強い」といった傾向が確認できる。

(1) 小規模企業の「活力ある」ドイツ

　ドイツには300万社を超える中小企業が存在している。これらの企業はドイ
ツの経済，社会の重要な経済主体となっている。また，ドイツ経済の国際的な
競争力の源泉とも言われている（Ulrich and Frank, 2021）。この点に関して，
ドイツの中小企業に関するシンクタンクIfM Bonnは2020年には約335万社のド
イツ企業が中小企業に分類され，ドイツ企業全体の99.3％を占めていること，
中小企業の総売上高はドイツ企業全体の33.7％に相当すると説明している[3]。
　ドイツは周辺国と比べると大企業や中堅企業の存在も大きい。全体的に見る
と中小企業の中でも，相対的に規模の大きい中小企業の存在が目立つ。特に製

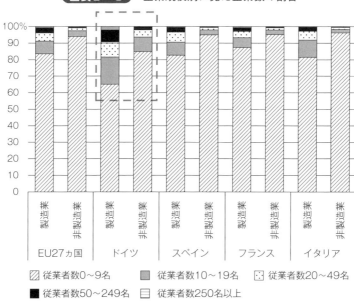

図表Ⅱ−2　企業規模別に見た企業数の割合

従業者数0〜9名　従業者数10〜19名　従業者数20〜49名
従業者数50〜249名　従業者数250名以上

（注）非製造業は金融・保険業除く
（出所）Eurostat統計を加工して筆者作成

造業においては，周辺国と比較しても従業員規模9名以下の中小企業の比率が低いため，この傾向がより顕著であると言える。

　しかし，これは比較的規模の大きい企業だけがドイツの経済や社会を牽引していることを示している訳ではない。1社当たりの売上高や付加価値額を従業員規模別に見てみると，小規模企業が比較的「活力ある」実態が見えてくる。具体的には，従業員数10名未満の小規模企業に注目すると，1社当たりの売上高や付加価値額は，製造業だけでなく，非製造業においても周辺国（スペイン，フランス，イタリアと比較）よりも高いことが確認できる。やや古い文献にな

3　IfM Bonn 公式ウェブサイトより。なお，IfM Bonn は欧州委員会の定義に従ってドイツ中小企業数をカウントしており，従業員数 249 名以下，かつ，売上高 5,000 万ユーロ以下又は総資産 4,300 万ユーロ以下という条件を満たす企業数であることに留意が必要である。欧州委員会の定義は，EU Recommendation 2003/361/EC を参照（2023 年 6 月 20 日検索）。

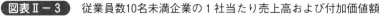

図表Ⅱ-3　従業員数10名未満企業の１社当たり売上高および付加価値額

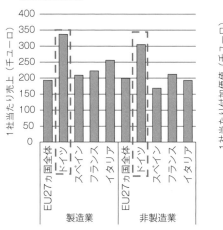
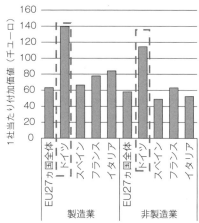

（注）非製造業は金融・保険業除く
（出所）Eurostat統計を加工して筆者作成

るが，Söllner（2014）でも，ドイツ中小企業は他のEU諸国の中小企業に比べて，経営パフォーマンスが高いことが指摘されている。

【参考資料】ドイツにおける事業所数

ドイツ連邦統計局が公表する 2021 年におけるドイツの事業所数は，3,390,704 者・社であり，従業員規模 250 名未満の事業所数は内 3,374,000 者・社となっている。内訳を見ると，個人事業主が多く，会社形態を採用している法人も小規模な法人が多いことがうかがえる。

種別	事業所数				
	計	従業員規模			
		0～9	10～49	50～249	250 以上
個人事業主	2,006,591	1,914,024	88,779	3,693	95
合名会社，合資会社	411,171	330,580	63,126	14,318	3,147
有限会社，株式会社	789,472	557,007	174,040	47,605	10,820
その他	183,470	145,038	28,372	7,418	2,642
合計	3,390,704	2,946,649	354,317	73,034	16,704

（出所）ドイツ連邦統計局が公表する統計資料より筆者作成

(2)　自社を評価してくれる顧客を求めて海外に赴く

　ドイツ中小企業は輸出に対して積極的なことが指摘されている[4]。少々古い文献だが，Söllner（2014）でも，製造業に属するドイツ中小企業の20％が輸出していることが示されている。また，ドイツ中小企業の輸出のおよそ半分がEU諸国外向けとされている（Fear, 2014）。この点については，日本においても度々紹介されている。例えば2012年版の中小企業白書には，従業員300人以下の日本の中小企業が「直接輸出」を行う割合が2.8％だったのに対して，ドイツの250人未満の中小企業の同割合が19.2％であることが指摘されている[5]。

　では，実際にドイツの中小企業はどのくらい輸出に対して，積極的なのだろうか。ドイツ全体の輸出規模を見ても，中小企業の姿は見えてこない。そのた

図表Ⅱ－4　全産業における中小企業1社当たりの輸出額と輸入額の日独比較

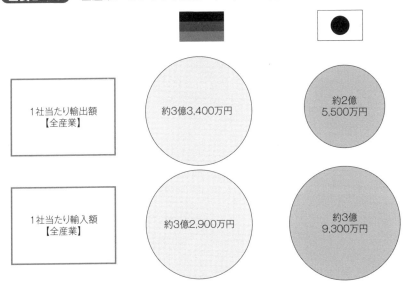

| | 1社当たり輸出額【全産業】 | 約3億3,400万円 | 約2億5,500万円 |
| | 1社当たり輸入額【全産業】 | 約3億2,900万円 | 約3億9,300万円 |

（出所）Eurostat International Trade in Goods Statisticsおよび企業活動基本調査より筆者作成

4　例えば田中（2017）を参照。
5　中小企業庁『中小企業白書2012年版』。

図表Ⅱ-5 製造業における中小企業1社当たりの輸出額と輸入額の日独比較

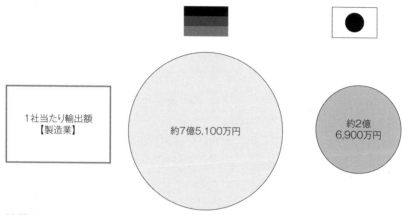

1社当たり輸出額
【製造業】

約7億5,100万円

約2億
6,900万円

（出所）Eurostat International Trade in Goods Statistics及び企業活動基本調査より筆者作成

め，統計情報を加工できる範囲で1社当たりの輸出額の平均値についてドイツ中小企業と日本の中小企業とを比較してみる[6]。まず全産業における1社当たりの輸出額と輸入額を比較すると，輸入額では日本の中小企業の方が若干大きい値となっている。一方，輸出額では，ドイツ中小企業1社当たりの輸出額は約3億3,400万円であり，日本の中小企業と比較すると30％以上も大きい値となっている。

これを製造業に限って集計すると，ドイツ中小企業の1社当たりの輸出額は約7億5,100万円となり，日本は約2億6,900万円になる。すなわち，ドイツ中小企業の輸出額は日本の中小企業の2.8倍にもなる。

---

6 統計情報の制約から完全な比較はできない。ドイツの数値は「Eurostat International Trade in Goods Statistics」から取得した2020年度の数値で，取得可能な従業員規模階層は50〜249人となっている。日本の数値は「企業活動基本調査」から取得した2020年度の数値で，取得可能な従業員階層は50〜99人，100〜199人，200〜299人となっており，ここでは参考値として比較するため3つの階層における集計値を平均した値を用いて比較している。ユーロの円換算は2020年度OECD統計が用いている年間参考レート（1ユーロ＝121.8893円）を用いた。

3 ドイツ中小企業の経営力・経営姿勢

　ドイツ中小企業は日本の中小企業よりも生産性が高いと言われているが，前章で触れたように，10名未満の小規模企業であっても製造業・非製造業を問わず「活力ある」企業が多いこと，日本の中小企業と比べて業種を問わず輸出に積極的な姿勢がうかがえる。ここでは，なぜそのような傾向があるのかについて，ドイツ中小企業の経営力・経営姿勢に着目しながら，検討をしていきたい。

(1) 製品・サービスへのこだわり

　ドイツ中小企業は，製品・サービスに対するこだわりが強いと聞いて，何を思い浮かべるであろうか。ドイツには伝統的なマイスター制度があり，職人を大事にする文化や，職人を育成する仕組みがあることを思い起こす方も少なくないと思われる。しかし，職人がいかに優れた製品を作っても，適正な価格で売ることができなければ，会社としては利益が生じない。実際，ドイツ中小企業がニッチ市場における顧客との長期的取引の中で，製品の高付加価値化とそれに見合う価格設定を実現していると指摘されている（Heider et al., 2021）。ドイツ中小企業は顧客に依存せず，より「独立的」なのである（Pahnke and Welter, 2019）。ここでは，ドイツ中小企業の経営者は，製品・サービスに対してどのようなこだわりを持っているのかを考える。その際，ドイツ中小企業経営者の姿勢について概観する。

① ドイツ中小企業経営者の企業家精神

　ドイツの中小企業の実態にも詳しい，専門機関の有識者に意見をうかがった。ドイツ中小企業の経営者の多くは，「安売りはしない」というポリシーを持っており，自社の強みを高く評価してくれる顧客を探すことに労を惜しまない経営姿勢が見られるという。この点，ドイツ企業の一般的な傾向としても「安売りはしない」傾向があることは知られている。例えば2015年版の『通商白書』によれば，2005〜2008年に行われた対中国向け輸出に係る日独比較において，日本企業は輸出量を増加させながらも「単価」が下落している業種が多い。そ

れに対して，ドイツ企業は全業種において「量」と「単価」の両方が上昇していることが紹介されている。このように，日本企業は安売りをすることで輸出量を拡大しようとする傾向があるのに対して，ドイツ企業が輸出においても価格を下げないで，より単価の高い製品を販売しようとしていることがうかがえる。

　こうした姿勢は大企業・中小企業共通のものである。中小企業であっても大企業が顧客となる取引において，適切に自社の技術やサービスをPRして価格の交渉を行うという姿勢や，積極的に海外にも顧客を求めるという姿勢につながっている。その結果，自らが期待する利益水準を確保できる市場で勝負をしているという。

②　ドイツ有識者，ドイツ・日本の中小企業経営者から見たドイツ中小企業
【ドイツ有識者などのコメント】

- ✓ もちろん，EU市場の恩恵を受けているという側面はあるが，ドイツ中小企業の輸出が多い理由としては，製品品質の高さや製品イノベーションが国際的にも評価されていることを指摘することができる。またドイツの小規模企業における製造業の割合が高いことから，他のEU諸国と比較しても小規模企業による輸出が目立つという特徴がある。
- ✓ ドイツ中小企業は高品質，技術的に進んだ革新的な製品を輸出する傾向がある。また研究開発サービスやITサービスを提供する小規模企業も，海外で比較的活発に活動している。
- ✓ グローバルに輸出する中小企業も少なくない。例えば，楽器，時計，ファッション・グッズ，飲料，食品メーカーなど，専門性の高い工芸品を製造・輸出する中小企業もその例である。
- ✓ ドイツにおいては企業の規模や歴史は価格設定の交渉において影響なく，重要なのは商品や技術である。
- ✓ 中小企業は他社が模倣できない製品・サービスを提供するほど，大企業と価格交渉できる立場を獲得する。独立した機関による品質テストなどを活用し，価格と品質の点で高い透明性を確保している。
- ✓ 特に品質重視は，オーナー・家族経営の企業では非常に強い。多くの企業は，「低価格」，「スピード」そのものを志向していない。

　実際，ドイツ中小企業の経営者にヒアリングした際も，「あえてニッチな製品を製造・販売することや，高い水準の製品・サービスを必要とする顧客をターゲットとすることで，価格交渉において主導権を持てるようにしている」とのコメントがあった。

【ドイツ中小企業経営者のコメント】

> ✓ 競争が激しい分野では，大手や卸売業者が価格決定の主導権を持つことがあることは事実であるが，当社はニッチな製品を製造・販売しているため，業界大手の取引先とも価格交渉を行うことが可能である。【ドイツ中小企業G社】
> ✓ 当社では，あえて高いスペック・技術を必要とする顧客層にターゲットを絞り，当社の技術を高めていくという戦略を採用している。継続的に高い技術を磨いていくことは容易ではないが，当社の強みが活かせることに加え，適正な利益を上げることができるからである。【ドイツ中小企業I社】

　ドイツ有識者によれば，社長や経営層が積極的に技術営業を行っている企業が多く，安易に商社や販売会社を頼らない会社も多い。中小企業であっても可能な限り直販することで，手数料を削減しようという姿勢を持つ経営者が多いとのことであった。海外展開に際して，ドイツ中小企業に共通する傾向として，合弁会社の設立や取引先を頼るのではなく，現地に子会社を設立する傾向が強いことは，既存文献においても指摘されている（De Massis et al., 2018）。例えばハーマン・サイモン教授も著書の中で，「顧客と自分たちの間に，輸入業者や代理店を立てるやり方は好まない」，「外国市場に参入する時，第三者を通さずに子会社を設立するのが普通」と明確に指摘している[7]（Simon, 2009）。ドイツの「隠れたチャンピオン」がどのように国際的な競争力を身に付けていったのかについて研究した文献でも，子会社を通じた海外市場参入を強く志向していることを指摘している（Audretsch, Lehmann, and Schenkenhofer, 2018）。

7　広村監修・鈴木訳（1998），p.85 および p.90 より抜粋。

【ドイツ有識者などのコメント】

> ✓ ドイツの小規模事業者は，バリューチェーンにおけるサプライヤーとなっていることが多いが，バリューチェーンの中での取引だけでなく，独自に海外に輸出をすることも容易である。またニッチ・サプライヤーとしてグローバルに輸出している小規模企業も少なくない。
>
> ✓ ドイツでは商社を頼る中小企業は少なく，基本，直売である。海外展開をするときも直接相手国で支社を設立している。経営者は直接進出国に出向き，営業や広報だけでなく開発など技術面の対応もできる。

コラム	ドイツ中小企業経営者インタビュー
	EUTECT GmbH　CEO　Matthias Fehrenbach氏

■企業概要

　EUTECTは，ドイツ南西部のシュヴァーベ
ン地域にあるドゥスリンゲンという人口5,000
人規模の町に所在する，課題解決型のエンジ
ニアリング会社として設立された中小企業で
ある。25年以上にわたり，EUTECT本社およ
び世界中の顧客の拠点において，はんだ付け
や接合システムを開発・製造・設置・プログ
ラムしてきた。EUTECTのチームははんだ付
けの分野で製造法ソリューションを提供する
ために，幅広いニーズに対応できるモジュラー
システムを絶えず進化するように開発を進め，
顧客に提供している。

CEO
Matthias Fehrenbach氏

　様々なはんだ付け技術のモジュールから，
ユーザーの課題を踏まえ，生産プロセス的および商業的に最適なものが選択
され，総合的ソリューションとして統合される。EUTECTのモジュラーシ
ステムは，モジュールとその組み合わせによってユーザーの個別課題に合わ
せた専用ソリューションを提供することが可能であることを証明する。

■EUTECTのこだわり

　特殊機械製造や組立・接合技術の領域において40年以上の経験を持つ
EUTECTでは，最大のアウトプットを発揮しつつ，製造過程を管理するこ
とによって高い再現性を実現することに力を入れている。また，EUTECT
は各種プロセスやモジュールの特性の細かい調整を行うことができるため，
はんだ付け過程で得られる実際の利用環境のデータに基づいて機械を制御す
ることが可能である。

　しかし，最も企業として意識していることは，顧客と密に連携し，顧客が

生産する製品や抱えている課題をしっかりと理解することである。冶金・設計・生産技術それぞれの面について正しく理解することにより，最適な提案を考え，持続可能な解決策を提供することが可能となる。

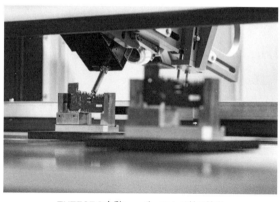

EUTECTの自動レーザーはんだ付け技術

　製品の生産設計を改良することにより，使用される時間，エネルギー，材料は節約され，品質と生産量は向上する。これによって企業の成長が促進され，成功の実現につながる。

　EUTECTはこれらの工夫を行うことにより，世界中の顧客に対して標準的なもの以上のソリューションを提供している。

■産学連携の取組み

　大学や専門学校，研究機関や官公庁等ともネットワークを構築し，専門的な交流を積極的に行っている。交流する際には，双方が利益を最も得られるように留意している。例として，大学と交流する場合には，学生は最大限の経験を積むことができ，EUTECTとしては企業の良い印象を与え，採用を行う際に大学と連携ができるようにしている。

　このようなネットワークのおかげで，様々な共同プログラムや研究プロジェクトも行うことができている。こうしたプロセスを通じて自社の技術開発の状況を常に評価・分析し，必要に応じてパートナーと協働することで，さらなる開発につなげている。

■海外との取引に対する姿勢

　海外企業とも積極的に取引を行っている。その際，信頼関係の構築を最も大事にしており，経営者自身が直接取引先とコミュニケーションを取ること

が大事だと考えている。日本の企業とも10年程の協力関係を構築しており，個人的なつながりを維持しつつ，協力相手の技術および企業に対して最大限の敬意を払うように意識している。

(2)　革新性の重視

ドイツ中小企業にはイノベーションを重視する姿勢が見られる。日本では，イノベーションを「技術革新」と訳すなど，狭く捉えている場面が散見される。イノベーション概念の提唱者である，シュンペーターは「新結合」と称しており（Schumpeter, 1926），新しい価値を創造する活動を広く捉える概念である。イノベーションは持続的成長にとって不可欠な要素の一つであり，「隠れたチャンピオン」に成長した中小企業の成功要因としてもイノベーションの重視が指摘されている。そして，ドイツ中小企業は一国全体のイノベーションの源泉とされている（Leydesdorff and Fritsch, 2006）。

ここではドイツの中小企業が日本の中小企業と比べて，革新性を重視する姿勢が強いのか，また，革新性を生み出す上で重要となる産学連携・企業間連携といった他者と協働した取組みの実態について概観していく。

なお，本稿では，イノベーションという言葉が上記のように狭く解されることも少なくないことを鑑みて，本文においては「革新性」という言葉でこれを表現することにする。一方，参照した国内外の各種文献などにおいては「イノベーション」という表現が用いられているが，定義やニュアンスの違いもあるため，元資料の表現についてはあえて「イノベーション」のままとする。

①　革新性に関する志向

最近の文献では，ドイツ中小企業においても革新性志向の強い中小企業の方がそうでない企業よりも売上や利益率の面で優位性があること，売上に占める輸出割合も高いことが示されている（Zimmermann, 2022）。

革新性を意識し，自社の提供価値を高める努力をしているドイツ中小企業は日本と比べて実際に多いのだろうか。この点に関して「ナショナルイノベーションサーベイ」と呼ばれるOECD加盟国において実施されている調査を活用

し，日本とドイツの比較をしてみた。すると，ドイツでは「イノベーション活動」を実施していると回答している中小企業は62％であるのに対して，日本では46％となっていることが明らかとなった。ドイツでは，イノベーション活動を実施している中小企業はその割合が高いことが確認された[8]。またイノベーション活動の重要な要素の一つである，研究開発活動の実施状況は，ドイツ中小企業が21％であるのに対して，日本の中小企業はわずか4％の回答となっている。さらに外部への委託開発など，社外での研究活動の実施状況を見ると，ドイツ中小企業が7％であるのに対して日本の中小企業は2％であった。

　ドイツの中小企業が革新性を発揮することに積極的である様子を見ると，どこに研究開発費を始めとする経営資源があるのだろうかと疑問に思うかもしれない。この点に関して，「隠れたチャンピオン」にまで成長した中小企業を対象とする実証研究を紹介する。「隠れたチャンピオン」とそうでない中小企業は研究開発費投資の多寡に関して，大きな差異はない。むしろ，多額の研究開発費を投じたから成長したというより，効率的な経営資源の配分を行っているから，成長したとしている。その上で，「隠れたチャンピオン」として成功している企業群から，自社の技術開発について，科学／サイエンスにしっかりと立脚しつつ顧客の課題解決を重視すること，特許権の取得だけでなく秘密の保護や複雑な設計を組み合わせるなどの様々な対策を講じることで技術・ノウハウの防御も意識すること，後述するオープン・イノベーション戦略とネットワーク活用をすること，人材への投資を積極的に行うこと，といった4つの示唆が得られるとしている（Rammer and Spielkamp, 2019）。このように，ドイツ中小企業も日本の中小企業と同じように，大企業のような豊富な経営資源を持っているわけではない。むしろ，経営資源を戦略的かつ効果的に配分することで，成長しているのだと言える。

8　OECDとの協調の中で各国が実施している調査を比較しており，日本の調査は，NISTEPが実施している全国イノベーション調査（2020年）で対象期間は2017〜2019年のもの，ドイツの調査は，ZEWが実施しているCommunity innovation survey 2018（CIS2018）で対象期間は2016〜2018年のものとなっている。日本の調査においては「新しい又は改善した製品又はサービス」の導入又は「新しい又は改善したビジネス・プロセス」の導入の実現に向けた実行した活動を「イノベーション活動」と呼んでいる。

図表Ⅱ－6　革新性に関する活動実態及び志向による利益率，売上に占める輸出割合

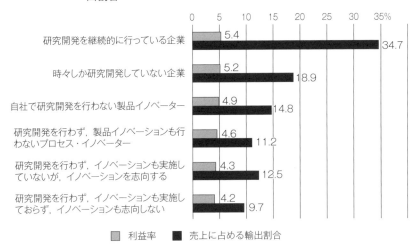

研究開発を継続的に行っている企業　5.4　34.7

時々しか研究開発していない企業　5.2　18.9

自社で研究開発を行わない製品イノベーター　4.9　14.8

研究開発を行わず，製品イノベーションも行わないプロセス・イノベーター　4.6　11.2

研究開発を行わず，イノベーションも実施していないが，イノベーションを志向する　4.3　12.5

研究開発を行わず，イノベーションも実施しておらず，イノベーションも志向しない　4.2　9.7

　利益率　　■　売上に占める輸出割合

（出所）Zimmermann（2022），掲載データより筆者作成

図表Ⅱ－7　日独中小企業（全産業）におけるイノベーション活動の実施状況

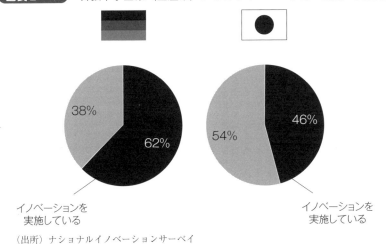

38%　62%

イノベーションを
実施している

54%　46%

イノベーションを
実施している

（出所）ナショナルイノベーションサーベイ

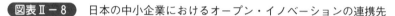

図表Ⅱ-8　日本の中小企業におけるオープン・イノベーションの連携先

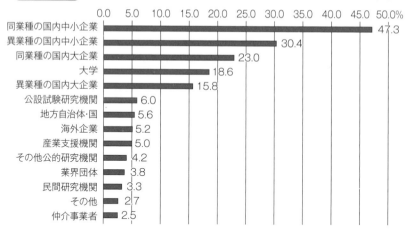

（出所）中小企業白書2020年版より筆者作成
（元資料）（株）東京商工リサーチ「中小企業の付加価値向上に関するアンケート」
（注）1．複数回答のため，合計は必ずしも100％にならない。
　　　2．「ビジネスマッチングの支援・仲介サービスを提供する事業者」は「仲介事業者」として表示
している。

②　他社／他者と協働する取組み：企業間連携・産学連携

　革新性の獲得は，自社だけで成し得るものではない。時代が変化し，他者との協働が重要となった。こうした中で，ヘンリー・チェスブロウが提唱したオープン・イノベーション概念も普及・定着している[9]。日本においても企業間連携や産学連携が革新性の獲得に取り組む上で重要であることが度々指摘されている。そして，中小企業の取組み例も徐々にではあるが増えている。『中小企業白書2020年版』では，オープン・イノベーションの類型別の取組み状況が紹介されている。例えば外部技術を自社内に取り込もうとする類型について，製造業で19％，非製造業で16.1％が取り組んだことがあると回答している[10]。オープン・イノベーションに取り組んだことのある日本の中小企業の連携先は，

9　大前訳（2004）。
10　中小企業庁『中小企業白書2020年版』。自社の技術・知識を社外に発信することで連携を促す類型については製造業が12.0％，非製造業が8.4％となっている他，広く連携先を募り共同開発をしていく類型については製造業が4.2％，非製造業が4.5％となっている。

図表Ⅱ－9　ドイツにおける企業間連携／産学連携の実態

(注) 無作為に抽出した2,500社のドイツ国内の中小企業を対象として行ったオンラインアンケート調査
(出所) Deutsches Zentrum für Luft- und Raumfahrt e.V. (2013)

企業間連携（同業種の国内中小企業との連携が47.3％，異業種の国内中小企業が30.4％）が多く，大学（18.6％）や公的研究機関（６％）などが連携先となっている例は少ない。

　ドイツの中小企業は，オープン・イノベーション型の企業間連携や産学連携にも関心が高い。ドイツでは大企業だけでなく，中小企業も大学や研究機関との産学連携に，積極的に取り組んでいる。中小企業，その中でも小規模企業は経営資源が相対的に少ない。しかし，ドイツでは，小規模企業でも，連携活動に無縁ではない。むしろ，積極的に取り組んでいると言える。Thiele and Peters（2023）では質問紙調査から，ドイツ中小企業が大学や公的研究機関などの外部組織と積極的に情報交換していることが明らかにしている。中小企業を対象とした調査によれば，ドイツでは，９割近い中小企業が企業間連携／産学連携に取り組んでいることが示されている。大学や研究機関との産学連携は回答企業の過半数で実施され，水平型の企業間連携も回答企業の４割で，実施されている。単純な比較はできないが，上述した，日本の中小企業が企業間連携や産学連携に取り組んでいる割合と比較すると，大きな差が見られる。

　ドイツ中小企業の実態に詳しい有識者は，中小企業が地元の大学や研究機関と連携することは一般的な行動で，中小企業であっても研究者を社員やインターン生として招聘したり，研究者とネットワーキングを始めたりすることは難しくないと指摘している。また地方の非都市部などにおいても，地元の比較

的小規模な大学などと中小企業の連携が行われていることを指摘する声もあった。

【ドイツ有識者などのコメント】

> ✓ ドイツでは比較的地域に大学や研究機関が存在しているため，一般的に，研究者を社員やインターン生として招聘，ネットワーキングを始めることは難しくない。また大学の研究者が自営業者となることもあり，大学と企業のつながりが比較的あると言える。
> ✓ 地方の非都市部においても中小企業が地域経済において重要な役割を担っており，地元の比較的小規模な大学などとも連携が盛んである。中小企業の経営者を対象とした，人材育成に取り組む私立大学のネットワークなども存在する。

　ドイツ中小企業を対象としたアンケート調査によれば，企業間連携・産学連携を実施するにあたって，中小企業でも連携に必要な経営資源の割り当てを行っていることがうかがえる[11]。また産学連携に係る別のアンケート調査（ドイツ企業325社，うち9名以下の企業が18%，10〜49名が27%，50〜249名が22%，250名以上が22%）では，ドイツ企業において，「産学連携に対する経営層のコミットメント」，「経営資源の提供」，「大学との連携に係る戦略の存在」，「博士課程の学生や研究者のリクルート」が，産学連携を支える仕組みとして自社に存在すると考えている企業の割合が，EUの平均よりも高いことが示されている（Davey, et al., 2018）。

　再びナショナルイノベーションサーベイを活用して日独の比較をする。イノベーション活動のための外部連携の実施状況を見る。ドイツ中小企業の21%が外部連携を実施しているのに対して，日本の中小企業は9%であり，大きな差があることが確認できた。こうした取組みを実施している企業の割合が高いことは，ドイツ中小企業の傾向の一つと言うことができる。

11　Deutsches Zentrum für Luft- und Raumfahrt e.V.（2013）を参照。

図表Ⅱ-10 連携を行うためのネットワークの管理

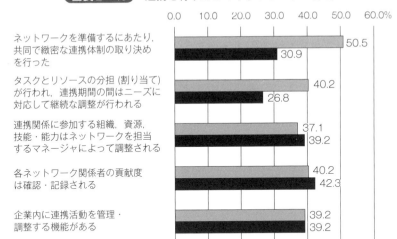

（注）無作為に抽出した2,500社のドイツ国内の中小企業を対象として行ったオンラインアンケート調査
（出所）Deutsches Zentrum für Luft- und Raumfahrt e.V.（2013）Innovationstreiber Kooperation-
　　　Chancen für den Mittelstand.

図表Ⅱ-11 日独中小企業（全産業）におけるイノベーション活動のための外部
連携実施状況

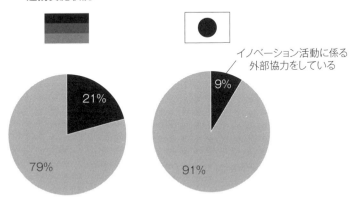

（出所）ナショナルイノベーションサーベイ

コラム　公的研究機関の活用：フラウンホッファ研究機構を例に

　ドイツで産学連携が比較的積極的に行われている背景の一因として，歴史的・地理的な経緯から，地域の経済・産業にそれぞれ特色があり，地域に大学などの高等教育機関や公的研究機関が所在していること，またこれらが産学連携のエコシステムを形成していることがしばしば指摘される。このように書くと，ドイツ中小企業にとって外部環境が恵まれているだけではないかとの指摘も聞こえてきそうだが，中小企業側が積極的に大学などや公的研究機関と連携しようという取組みが無ければ産学連携の効果は発揮されない。日本においても各地域には大学や高等専門学校などが多数所在している他，県が公設試験場などを設置していることに鑑みれば，さらなる連携深化の余地は多いのではないだろうか。

　ドイツにおける著名な公的研究機関として，マックス・プランク協会やフラウンホッファ研究機構といった名前を聞いたことがあるのではないだろうか。例えば，フラウンホッファ研究機構は1949年設立の欧州最大の公的研究機関で，米国のNIST（国立標準技術研究所）や日本の産業技術総合研究所（AIST）と並び称されている（Patarapong Intarakumnerda and Goto, 2018）。応用研究を得意とする研究機関で2022年1月現在，76の研究所をドイツ全国に擁し，3万人を超える人員を抱える巨大な研究機関である。また年間の研究予算も29億ユーロと巨額であり，内25億ユーロを受託研究で得ている[12]。

　大規模な公的研究機関と連携しているのは，大企業ばかりではないかと思われるかもしれない。しかし，フラウンホッファ研究機構の場合，中小企業との連携事例が多く，半数程度は中小企業であると言われている。無作為抽出された中小企業2,500社を対象に行われた過去の調査においても同研究機構の認知度は100％という回答になっており，ドイツ国内では抜群の知名度を誇っている[13]。また，同研究機構自身が過去に連携実績のある中小企業を

12　フラウンホッファ研究機構公式ウェブサイトより

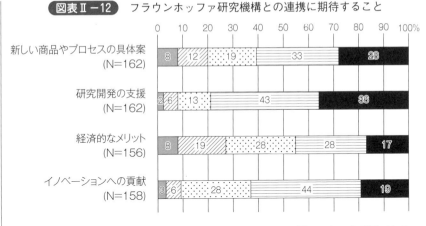

図表Ⅱ−12 フラウンホッファ研究機構との連携に期待すること

■1：あまり重要ではない　□2　⋮3　☰4　■5：とても重要である

（出所）Friedrich Dornbusch et al.（2016）

　対象として実施したアンケート調査結果によれば，新しい商品やプロセスの具体案，研究開発の支援，イノベーションの成功といったことを期待して連携を行っていることがわかる[14]。

　フラウンホッファ研究機構自体も中小企業との連携に注力している。そして，中小企業向け支援プログラムを提供し，中小企業の技術革新を支援している。例えば，JETROが取りまとめているレポートによれば，中小企業デジタル化，生産プロセスの自動化，サービスプラットフォームの提供，スピンオフ企業への専門家による支援といった支援を行っていることが紹介されている[15]。

13　Deutsches Zentrum für Luft- und Raumfahrt e.V., Innovationstreiber Kooperation-Chancen für den Mittelstand, (2013) を参照。

14　Friedrich Dornbusch et al., DIE BEDEUTUNG DER FRAUNHOFER GESELLSCHAFT FÜR DEN DEUTSCHEN MITTELSTAND (2016).

15　JETRO デュッセルドルフ事務所（2021）を参照。

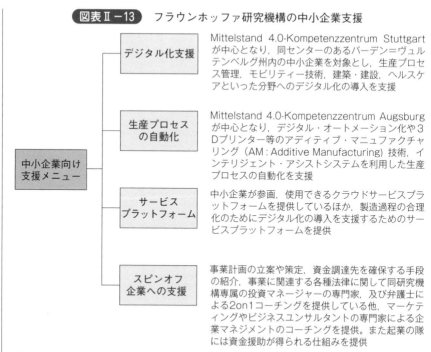

図表Ⅱ－13　フラウンホッファ研究機構の中小企業支援

中小企業向け支援メニュー

- デジタル化支援
  Mittelstand 4.0-Kompetenzzentrum Stuttgart が中心となり，同センターのあるバーデン＝ヴュルテンベルグ州内の中小企業を対象とし，生産プロセス管理，モビリティー技術，建築・建設，ヘルスケアといった分野へのデジタル化の導入を支援

- 生産プロセスの自動化
  Mittelstand 4.0-Kompetenzzentrum Augsburg が中心となり，デジタル・オートメーション化や3Dプリンター等のアディティブ・マニュファクチャリング（AM：Additive Manufacturing）技術，インテリジェント・アシストシステムを利用した生産プロセスの自動化を支援

- サービスプラットフォーム
  中小企業が参画，使用できるクラウドサービスプラットフォームを提供しているほか，製造過程の合理化のためにデジタル化の導入を支援するためのサービスプラットフォームを提供

- スピンオフ企業への支援
  事業計画の立案や策定，資金調達先を確保する手段の紹介，事業に関連する各種法律に関して同研究機構専属の投資マネージャーの専門家，及び弁護士による2on1コーチングを提供している他，マーケティングやビジネスコンサルタントの専門家による企業マネジメントのコーチングを提供。また起業の隊には資金援助が得られる仕組みを提供

（出所）JETROデュッセルドルフ事務所（2021）より筆者作成

(3)　人材の獲得・育成

　スキルや知識を有する人材の獲得は，中小企業の事業成長にとっても不可欠である。日本では事業成長上不可欠な「差別化」を図っていく上で直面した／している課題として人材不足を指摘する中小企業が多い[16]。中小企業経営者を対象としたアンケート調査でも，経営課題として人材を挙げる経営者が多く，読者の実感にも合致すると考えられる。また，ドイツには世界的に有名な人材育成のデュアルシステムが存在する。そこでは，企業における徒弟制（アパレンタスシップ）と学校における職業教育が組み合わせることで，マイスターが生み出されている（Focacci and Perez, 2022）。以上を踏まえ，ここでは，ド

16　中小企業庁「中小企業白書 2020 年版」

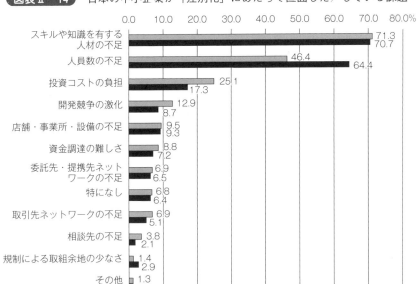

図表Ⅱ-14　日本の中小企業が「差別化」にあたって直面した／している課題

資料：(株) 東京商工リサーチ「中小企業の付加価値向上に関するアンケート」
(注) 1．複数回答のため，合計は必ずしも100％にならない。
　　 2．差別化に当たって直面した／している課題について，上位三つまでを確認している。
　　 3．各回答数 (n) は以下のとおり。製造業：n=2,290，非製造業：n=2,106。
(出所) 中小企業庁「中小企業白書2020年版」

イツの中小企業では，どのように人材を獲得，育成しているのかについて概観
していく。

① ヒトを大切にする文化

　日本企業は雇用を大事にする企業が多いと言われている。ドイツ中小企業に
おいてもこのことは当てはまる。この点，リーマンショックにより，経済的に
不安定だった時期，ドイツの大企業では2.4％雇用が減少した。これに対し，
ドイツの中堅企業では1.6％増加しているといった指摘もなされている (De
Massis et al., 2018)。ドイツの中小企業の従業員約15,000人を対象とした調査

によれば，97％の従業員が会社の理念と自身の価値観が一致していると回答している。

　ドイツの中小企業ではヒトを大切にする組織文化があり，人材の育成や獲得についても積極的な姿勢がうかがえる。この点について，実際にドイツ中小企業の経営者にヒアリングすると，従業員を大切にする姿勢を鮮明に示すことが多い。加えて，従業員のモチベーションを高く保つ工夫が必要であることについても指摘をいただいた。

【ドイツ中小企業経営者のコメント】

> ✓ 従業員を大切にするという意味においてソフトな部分は特に大事で，例えば従業員の誕生日を忘れず，贈り物をするといった対応も大事だと考えている。【ドイツ中小企業G社】
> ✓ 従業員や経営者層の高いモチベーションや，自己責任・責任感が事業成長，価値創造に重要な要素となっている。経営者は従業員から何らかの提案を受けたら，変革をすべきであり，従業員の助言に抵抗してはならないと考えている。【ドイツ中小企業H社】

　この点について，ドイツ中小企業との取引がある日本の中小企業経営者にお話をうかがっても同様の印象を受けているようである。あるドイツ中小企業の経営者が，こうしたヒトを大事にする姿勢や従業員のモチベーションを高める工夫について，日本企業から学んだと発言している点が印象的である。日本の中小企業では，これまで当然視されてきたことかもしれない。しかし，事業環境が厳しさを増す中でこそ，人材重視の姿勢が求められているのかもしれない。

【日本の中小企業から見たドイツ中小企業の印象】

> ✓ 現場の人たちがアイデアを出したり，改善をしたりしている。会議に巻き込んでプロジェクトを任せる体制を取っている。そこで現場と設計者側の意思疎通につながっている。こうしたことは日本から学んだと言っていた。日本人が忘れてしまったのか，欧米化してしまったのかわからないが，現場の改

> 善が壁に貼ってあったり，ジャポニズムで日本の文化を取り入れたりするの
> がトレンドなのかもしれない。【日本中小企業】

②　人材の育成・採用

　人材育成について，ドイツ中小企業は積極的に人材投資も行っている。1980
年代後半の好調であったドイツ企業の要因を探ったマッキンゼー＆カンパニー
の分析でも，ドイツの成功している中堅企業はそうでない企業と比較して，技
術者，店舗マネージャー，中間管理職などのトレーニングに対して大幅に時間
や費用を掛けていることが実証されている。さらに同書は，具体的な一人当た
りトレーニング予算は，成功しているドイツ中堅企業の方が，そうでない企業
と比べて約3.7倍にもなると指摘している。そして，比較的最近行われた「隠
れたチャンピオン」に関する実証研究によれば，隠れたチャンピオンは，賃金
水準や従業員一人当たりの研修費用が有意に高いことを示している 。このよ
うに，ドイツの中小企業において人材への投資が積極的に行われてきたことは
近年に始まったことではない。少なくとも過去数十年，行われてきたのだと考
えられる。
　では，人材育成に関し，ドイツ中小企業と日本の中小企業を比較するとどの
ようなことが言えるだろうか。可視化できる指標として研修に係る支出費用を
比較してみる[17]。OJTを除く研修の実施状況は，ドイツ中小企業は約59％なの
に対して，日本の中小企業は約35％となっている。また1従業員当たりの研修
に対する支出費用（1年分）は，ドイツ中小企業は約400百円であるのに対して，
日本の中小企業は約79百円となっている。ドイツ中小企業は日本の中小企業よ
りも人材育成により多く投資しているのである。

17　比較可能な日独調査として，日本の数値は能力開発基本調査（令和3年度），ドイツの数
　値はSechste Europäische Erhebung über die berufliche Weiterbildung in Unternehmen
　（CVTS6）を用いた。参照可能なデータの階層が日本調査とドイツ調査で異なるため，日
　本においては30～49人の階層，ドイツにおいては10～49人の階層で比較している（日本
　の企業の方が規模の大きいバイアスがあるにもかかわらず，ドイツの数値の方がいずれも
　高い値となっている）。

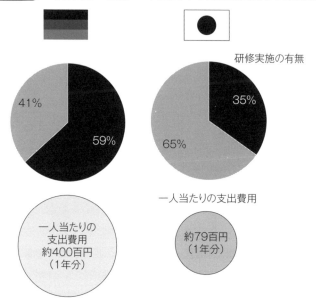

図表Ⅱ-15　研修実施の有無／一人当たりの研修支出費用の日独比較

図表Ⅱ-16　ドイツ中小企業における外国人労働者（一人以上雇用されている企業の割合）

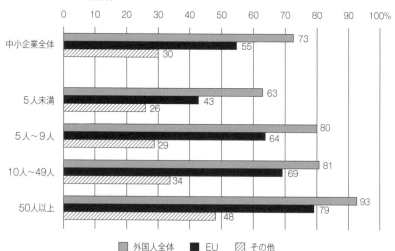

（出所）Leifels & Schwarts（2017）より筆者作成。

　続いて人材の採用についてドイツ中小企業経営者にお話を聞くと熟練労働者の不足という経営課題を抱えている点は日本の中小企業と同じである。だからこそ従業員の採用に力を入れているという。

【ドイツ中小企業経営者のコメント】

✓ ドイツ中小企業の全てが熟練労働者の不足という問題に直面しており，常に従業員に喜んでもらえるような経営が必要。特に若い世代は，ワーク・ライフ・バランスを重視する者が多く，この点にも配慮が必要。当社でも従業員の採用と研修には力を入れている。【ドイツ中小企業G社】
✓ 熟練労働者を中心とした人材が不足しており，採用と研修には力を入れている。当社では従業員の自己実現を大事にしている。【ドイツ中小企業H社】

　人材の採用については，比較的高学歴の人材に対する採用意欲が旺盛であることや，外国人の採用意欲も高い。例えば外国人の採用については，2016年のデータだが，ドイツ中小企業の約7割が外国人を雇用している（比較的小規模の5人未満の企業においては約6割，5〜10人未満の企業においては約8割）ことを示す既存文献がある（Leifels and Schwarts, 2017）。

　ドイツ中小企業の実態に詳しい有識者によれば，多くの中小企業が地元の若者に対して魅力を発信したり，人材の交流などを積極的に行ったりしているとコメントしている。また今回，お話をうかがったドイツ中小企業の経営者も，インターンシップなどを通じて大学生を積極的に受け入れていた。

【ドイツ有識者などのコメント】

✓ 中小企業においても，従業員に柔軟な勤務時間や働き方を提供しようとしている企業が多い。またシニア世代の方が長い時間の労働を受け入れる傾向があるが，若い世代は組織に求める期待が異なっており，柔軟な働き方を求めるようになってきている。
✓ 多くの中小企業が，有能な若者や研修生を見つけるための新しい方法を試みている。例えば，キャリア・オリエンテーションのための特別キャンペーン・デーを通して，自社のキャリア・オリエンテーションを行う。

> ✓ 高齢化や採用のハードルが上がっていることもあり，中小企業においても従業員の退職を防ぎたいという意識は高く，従業員の関心・意向を踏まえた健康増進策や勤務時間の取り決めなどに取り組む中小企業は10年前と比べて多くなった。
>
> ✓ 中小企業は，主として自社で技能者資格を有する職業訓練を実施することにより，若手人材の確保を図っている。企業は，適切な研修生を募集するために，通常，学校生徒を対象にインターンシップを提供しているが，中には学校と協力しているものもある。インターンシップなどを通じて，(技術)カレッジの学位を持つ若手スタッフを見つけようとする。
>
> ✓ ある企業は，雇用者の魅力を高めるために，2つの学習プログラムを提供している。また，戦略的プロジェクトの一環として，特定の人材テーマについて大学との共同開発を模索している企業もある。

【ドイツ中小企業経営者のコメント】

> ✓ 自社では大学と提携はしていないが，インターンシップなどで大学生を受け入れている。【ドイツ中小企業G社】

コラム	ドイツ中小企業経営者インタビュー InstruNEXT GmbH　共同創業者および共同CEO Vasilij Baumann氏

■企業概要

　InstruNEXTは，バイエルン州の
ヴュルツブルクに立地するドイツ
の中小企業である。製造産業を対象
に自動化ソフトウエアなどのソ
リューションを提供し，AI技術を大
手企業だけでなく，今までは自社開
発を行うのにはリソース不足であっ
た中小企業でも活用できるような技
術領域にすることをミッションとし
ている。

本社が立地するヴュルツブルク
技術・起業センター（TGZ）

　元はヴュルツブルク大学からのスピン
オフ企業であったため，研究・アカデミ
ア領域とは密接なつながりを維持してお
り，そのことによって，高度な技術を用
いる革新的な商品を開発する企業に対し
ても，課題を効果的に解決するソリュー
ションを提供することができている。

共同創業者および共同CEO
Vasilij Baumann氏

■ターゲットユーザーの絞り込みと国際協力

　現在，InstruNEXTは半導体製造や精密金属加工など，高度技術領域の製
造業企業をターゲットユーザーとして絞っている。これらの業種の企業は海
外にも多く立地するため，商品はドイツ国内だけでなく，アジアなどの企業
と連携して商品を導入している事例もある。

　また，弊社は単純に商品を提供するだけでなく，ユーザー企業に対して自
社のAIやデータ利活用に関する知識と能力を向上するよう促し，支援もし

ている。コロナ禍によって厳しい面もあったが，デジタル技術の導入が進み，各地の支援機関の協力もあり，近年我々は海外の企業ともより連携し，ソリューションを提供できるようになっている。その例として，我々は埼玉県の株式会社ワイエス工業所と連携し，共同研究を進めてきた。コロナ禍で簡単に日本に行くことはできなかったが，オンライン会議やリモートアクセスの活用，そしてさいたま市産業創造財団に協力をいただいたおかげで，日本の企業とも密な協力関係を築くことができた。

■外部リソースの活用

　我々の意見では，会計・経理などの特定な活動に関しては，外部機関から協力を得た方が，従業員はコアの事業活動に集中することができるため，効率的かつ効果的であると思う。ドイツでは，このような活動を外部委託する企業は多く見られる。特に設立間もない企業にとっては，このような活動は正しい知識を保有していないと何かしら間違いを起こす可能性も高いため，外部サービスを活用することが重要だと思う。

■産学連携，採用・育成方針

　InstruNEXTはヴュルツブルク大学からのスピンオフであったため，会社のオフィスは大学の近くにあり，両者に利益をもたらすよう，双方向に協力をしている。例えば，最近ではナノ材料製造を改良するためのAI技術活用について研究を行い，その成果が大学の応用物理学科において導入される予定である。

　また，我々は大学の学生をインターンや社員として受け入れ，従業員と長期的な関係を構築するようにもしている。弊社は従業員と長期的な関係を維持することをとても重視しており，そのためには従業員の成長を応援し，様々な学習機会も提供している。これによって，専門性が高いだけでなく，幅広い領域に知見があるチームを構成することができ，さらに雇用主としての魅力を高めることもできる。

■日本の中小企業経営者へのメッセージ

　日本の中小企業と交流する中で，多くの企業で導入されているカイゼンの手法についてより学ぶことができ，この手法はデジタル化と非常に相性が良いと感じた。カイゼンの考え方では課題点やボトルネックを特定することが重要だが，この過程において，デジタル技術の活用は非常に効果的ではないかと思った。したがって，私は日本の中小企業にはAIや新しいデジタル化技術を積極的に活用していただき，大企業のみが使う技術として考えてほしくない。これは日本の中小企業だけでなく，ドイツの中小企業においても同様であり，急速に進化する世界において競争力を維持するためには，非常に重要だと思う。

(4)　組織のマネジメント

　製品・サービスへのこだわりを強く持ち，必要に応じて自社を評価してくれる顧客を求めて積極的に海外市場を狙い，自社のこだわりを支えるためのイノベーションを重視し，そうした活動を支える人材の獲得や育成を重視するドイツ中小企業の姿を概観してきた。こうした活動を行うには，中小企業であっても組織を適切にマネジメントすることが求められる。ドイツ中小企業においては，どのように組織マネジメントに取り組んでいるのだろうか。

①　海外展開も見据えた人材の確保

　前記「**2**ドイツ中小企業の実態」の中で，輸出に取り組む中小企業が多い実態が明らかとなった。輸出するためには一定の組織能力が必要となる。経営者自身が，積極的に海外で営業・交渉を行う姿勢も見られたほか，商社などを経由せず，子会社方式でより高い利益率を目指す中小企業も珍しくないことが指摘されている。また，欧州中央銀行によれば輸出企業の生産性は非輸出企業のそれより高く，特にEU域外に輸出を行う中小企業は，EU域内のみに輸出を行っている中小企業よりも革新的であるとも指摘されている[18]。

【ドイツ有識者などのコメント】

> ✓ 輸出を行うためには，管理や組織に係る業務が国内のみで事業展開するよりも増えるため，当該中小企業の組織や従業員に対して追加的な要求が課されることは間違いなく，その意味では輸出を行うために必要な組織のマネジメントを行っている中小企業が少なくないということは言えるだろう。しかし，輸出を行う中小企業が，国内のみで事業展開を行う企業と比較して，組織が複雑・高度であるということでは必ずしもなく，必要とされる組織としての能力は，事業活動を行っているそれぞれの部門に強く依存しており，現場力が高い。

　こうした実態を念頭に，ドイツ中小企業経営者に組織のマネジメントについてコメントを得たところ，高い組織能力を求められることを認識した上で，語学力を含めた専門的なスキルを持つ人材の獲得が重要であるとの発言があった。

【ドイツ中小企業経営者のコメント】

> ✓ 諸外国では，様々な規制が存在するため，輸出を行うには高い組織力が求められる。特に語学力などの専門的なスキルを持つ人材が必要となる。【ドイツ中小企業G社】

② 外部専門家の活用

　外部専門家を頼った方がよい業務については，積極的に外部専門家を活用するという姿勢もうかがえる。例えば会計業務について，自社でもしっかりと行いつつ，税理士／会計事務所を積極的に活用し，決算書の監査や助言を通じて決算書の信頼度を高めるのみならず，税理士の助言を活用して経営を高度化することで，自社の信用を高めている。実際にドイツ中小企業経営者に話を聞いても経理や会計については，費用を掛けても外部専門家を活用しているとい

18　例えば European Central Bank（2019）Export activities of euro area SMEs : Insights from the Survey on the Access to Finance of Enterprises（SAFE）, Economic Bulletin, Issue 8.

う声もあった。

【ドイツ中小企業経営者のコメント】

> ✓ ほとんどの自営業者は，税務コンサルタントに会計業務の助言を受けたり，監査を受ける等の対応をしている。当社でも会計業務については社外の専門家を頼りにしている。【ドイツ中小企業G社】

　税理士／会計事務所などを頼りにしているという声の背景には，ドイツでは税理士が日頃から中小企業の良き助言者となっていること，税理士を頼りにする中小企業が少なくないことを指摘することができる。ドイツでは中小企業においても，決算証明書（ベシャイニグング）作成業務を税理士が担っていることや，格付コンサルタントとして税理士が活動しており，中小企業の資金調達および経営助言に深く関与している実態があることが知られている[19]。ベシャイニグングとは，ドイツ独自の制度に基づくもので，金融機関から資金調達を行う場合に，金融機関に提出する年度決算書の信頼性を保証するものである[20]。金融機関から資金調達をする場合，金融機関が行う企業格付が資金調達の可否や融資条件などに大きく影響する。効果的な格付を取得するために格付コンサルタントの助言を得ることとなるが，ドイツにおいては税理士が格付コンサルタントとして位置づけられている[21]。

19　坂本（2012）が詳しい。
20　坂本（2012），pp.77-111
21　坂本（2012），pp.149-174

コラム	中小企業経営者インタビュー
	株式会社小松精機工作所　専務取締役　小松隆史氏

■企業概要

- ●創業：1953年（昭和28年）6月1日　●資本金：9,750万円
- ●従業員：290名
- ●事業概要：精密プレス部品一貫製造，各種精密機械部品製造（自動車部品　腕時計部品　医療機器部品　情報機器部品　宇宙航空機部品　各種金型部品・治工具），難削材の切削・研削加工
- ●所在地：長野県諏訪市大字四賀942-2

■会社沿革と事業概要

　株式会社小松精機工作所は，自然豊かな信州諏訪で育まれ，2023年には創業70年を迎える企業である。セイコーエプソン株式会社の専門協力会社として，小さな販売店を改造し，腕時計部品の組立てを請け負う町工場として事業を開始。その後，世界の時計「SEIKO」の協力工場として，ものづくり工程の川上に遡るような形で，部品加工，表面処理・熱処理，プレス加工へと製造領域を拡大し，プレス金型設計・製作，部品の一貫製造体制を構築するようになった。

　しかし，1970年代後半から1980年代にかけて腕時計の市場が飽和。時計産業の成熟，海外移転に伴い，時計から脱時計へと舵を切り，1980年代には営業部門を設立し，ハードディスクなどのIT・情報機器分野に事業を拡大していった。腕時計で培った微細プレス加工技術を成長分野に応用し，時代の波に乗ったが，情報機

燃料噴射ノズル

器分野も海外展開が加速した。

　そうした中，1980年代，腕時計の品質管理技術を自動車分野に応用してほ
しいという要請があり，品質管理から自動車部品の製造に関わるようになっ
た。1980年代終わり頃から，排気ガスの規制が強化される中，同社のプレス
加工技術を自動車のエンジン部品である「燃料噴射ノズル」に応用できない
かという話が舞い込んだ。現在，「燃料噴射ノズル」の世界シェアは40％に
迫る勢いで，月産1千万個の生産体制を構築している。

■ドイツ企業との取引のきっかけ

　1990年代前半に，同社の「燃料噴射ノズル」の製造で磨きがかかった微細
プレス加工技術と高い品質管理技術が，スイスで放電加工を手がける代理店
の目に留まり，ドイツの大手自動車部品メーカーに紹介されたことが，ドイ
ツ企業との接点となった。その後，小松誠会長が商談を重ね，1998年にスイ
スメーカーで対応ができないということで同社に話が入り，ドイツ自動車部
品メーカーとの取引につながった。1999年の取引の開始と同時に小松専務が，
2009年までドイツ企業との取引を担うようになり，中小企業を含めたドイツ
企業の強みを目の当たりにすることになる。

■ドイツの中小企業は，市場・技術動向を見据えた「長期的な経営」を志向

　小松専務は，「ドイツの中小企業は，長期
的な視点を持っている経営者が多い。業界
や市場が全体的にどのようになっていくか
など時代の大きな流れを大企業と変わりな
い視点で捉えていた。顧客からのデータだ
けではなく，市場データも独自に取得。経
営者がファイナンスを学び，役員とのミー
ティングでしっかりと説明する。長期的な
視点を持って，いかに自分たちの経営に反
映していくかについて，経営者自らが動い

専務取締役の小松氏

ていることが強みと感じた」としている。

　また，ドイツの中小企業は，利益に対する研究開発投資も多い。売上と利益がこの程度見込めるので，研究開発にはこの程度投資していくという逆算型の事業戦略があるという。さらに，経営から現場までデジタルトランスフォーメーション（DX）が浸透し，根づいていることも強みである。とりあえず何でもDXを導入しようとする訳でなく，自社のボトルネックから対応が不要なところを見極め，メリハリをつけて導入している。小松専務もドイツ中小企業の経営を参考に，安定した生産工程にDXは必要がなく，ボトルネックになる検査工程や不良品への対応等に絞ったDX導入を重視するようになったとしている。

■ドイツ中小企業は，「共通言語」で産学連携など外部との円滑な連携へ

　小松専務は，「ドイツの中小企業は，経営者やエンジニアが博士号や経営学修士号を保有している例も多く，それらを共通言語にしながら，産学連携など外部との連携にも積極的である。博士号取得者であれば，秘密管理の方法もお互いに理解していることが前提となるため，契約も柔軟に調整をする。一見，ドイツは契約社会に見えるが，アカデミックの知見による信頼に基づき，メリハリをつけて効率化している面がある」としている。

ドイツでの医療機器展示会の様子

　小松専務自らも工学博士号を取得しており，ドイツ企業からの信頼を得ている。社内で博士号を取得した社員が身近にいるためか，自然に意識をするようになる。博士号を取得後，大学に転出した社員もおり，ドイツ中小企業の経営を参考に，アカデミックとの共通言語で産学連携を強化したことで，共同研究や人材採用・確保もしやすくなるなど，波及効果もあるという。

■ドイツ中小企業は，全体最適化が可能な人材を育成

　小松専務は，「ドイツでは，アプレンティスシップ，マイスター制度などの人材育成の仕組みが生きている。特に，ドイツの中小企業は，ものづくりの設計力が非常に高く，製品だけでなく，製造工程を含めた全体最適化ができる人材を確保・育成していることが強みである。日本とドイツメーカーの図面の違いが大きく，仕事の進め方も異なっている」としている。

　また，DXを活かした人材育成も重視している。例えば，IoT技術を用いて，監視ではなく現場が自分の成果をアピールできる仕組みを構築している。こうして，製造現場の社員のアイデアを生かして，上手く巻き込みながらプロジェクトを任せることで，その意識が変わり，設計者の意思疎通もしやすくなるという。

■日本の中小企業経営者へのメッセージ

　最後に小松専務は，「ドイツの中小企業経営から学びながら，上手く連携できるパートナーになれると良い。ドイツの企業でも自社と似た文化のところが見つかれば連携がしやすい。ファミリービジネスも多く，同じような悩みを持っているので，ドイツ等を含めて海外企業だからとひるまず，まずは話をしてみてはどうか」としている。

　小松専務のお話をうかがっていると，ドイツ企業の経営の良い面を学びつつ，日本の中小企業の良さも再認識した上で，同社の経営の良いところ取りをしていくことができそうだ。

第 4 章の参考文献

［邦文献］
● 経済産業省（2015）『通商白書2015年版』
　https://www.meti.go.jp/report/tsuhaku2015/index.html（2023年 6 月20日検索）
● 公益財団法人日本生産性本部「労働生産性の国際比較」
　https://www.jpc-net.jp/research/list/comparison.html（2023年 6 月20日検索）
● 坂本孝司（2011）『会計制度の解明─ドイツとの比較による日本のグランドデザイン』中

央経済社
- 坂本孝司（2012）『ドイツにおける中小企業金融と税理士の役割』中央経済社
- 坂本孝司編著（2016）『ドイツ税理士による決算書の作成証明業務（第2版）―ドイツ連邦税理士会「声明」の解説―』中央経済社
- JETROデュッセルドルフ事務所（2021）『ドイツ中小企業の成長に貢献するフラウンホーファー研究機構』
- https://www.jetro.go.jp/ext_images/_Reports/02/2021/6584e74b3aecbf5d/202103.pdf（2023年6月20日検索）
- 隅田貫（2017）『仕事の「生産性」はドイツ人に学べ』KADOKAWA
- 隅田貫（2021）『ドイツではそんなに働かない』角川新書
- 田中信世（2017）「ドイツ中小企業の国際展開～輸出と投資に見る企業行動」『国際貿易と投資』第107号（春号），pp.94-114
- 中小企業庁（2012）『中小企業白書2012年版』
- 中小企業庁（2020）『中小企業白書2020年版』
- 山本聡・名取隆（2014）「国内中小企業の国際化プロセスにおける国際的企業家志向性（IEO）の形成と役割」『日本政策金融公庫 総合研究所論集』第23号，pp.61-81
- 山本聡（2016）「ドイツの金型企業調査報告書」（一財）金型技術振興財団
- 山本聡（2017）「中小製造企業におけるドイツ企業との強靭な取引関係の構築と顧客連結能力」日本中小企業学会論集 第36号，pp.96-108
- 山本聡・小松隆史（2020）「中小ファミリービジネスにおける 境界連結者の役割とスピンオフ企業の創出」日本中小企業学会論集第39号，pp.73-86

[洋文献]
- Asheim, B. T., and Coenen, L. (2005). Knowledge bases and regional innovation systems : Comparing Nordic clusters. *Research Policy*, Vol.34, No.8, pp.1173-1190.
- Audretsch, D. B., Lehmann, E. E., and Schenkenhofer, J. (2018). Internationalization strategies of hidden champions : Lessons from Germany. *Multinational Business Review*, Vol. 26, No. 1, pp.2-24.
- Bańkowska. A., Ferrando. A., and Garcia. A (2019). Export activities of euro area SMEs : Insights from the Survey on the Access to Finance of Enterprises (SAFE), *Economic Bulletin Boxes*. European Central Bank, Vol. 8.
- Chesbrough, H. W. (2003). *Open Innovation : The New Imperative for Creating and Profiting from Technology*, Harvard Business Press. (大前恵一朗訳（2004）『Open Innovation ―ハーバード流イノベーション戦略のすべて―』産業能率大学出版部)
- Davey, T. et al. (2018).The State of German University-Business Cooperation : the Business Perspective.
- De Massis, A., Audretsch, D., Uhlaner, L., and Kammerlander, N. (2018). Innovation with limited resources : Management lessons from the German Mittelstand. *Journal of Product*

Innovation Management, Vol.35, No.1, pp.125-146.
- Deutsches Zentrum für Luft- und Raumfahrt e.V. (2013). Innovationstreiber Kooperation —Chancen für den Mittelstand, *Technologiemarketing*.
- Dornbusch. F. et al. (2016). Die Bedeutung der Fraunhofer Gesellschaft für den Deutschen Mittelstand: eine Bestandsaufnahme und Empfehlungen zur Intensivierung der Zusammenarbeit, *Fraunhofer IMW*.
- Fear, J. (2014). The secret behind Germany's thriving 'Mittelstand' businesses is all in the mindset. *The Conversation*, Vol.28.
- Focacci, C. N., and Perez, C. (2022). The importance of education and training policies in supporting technological revolutions: A comparative and historical analysis of UK, US, Germany, and Sweden (1830-1970). *Technology in Society*, Vol.70, 102000.
- Heider, A., Gerken, M., van Dinther, N., and Hülsbeck, M. (2021). Business model innovation through dynamic capabilities in small and medium enterprises—Evidence from the German Mittelstand. *Journal of Business Research*, Vol.130, pp.635-645.
- Intarakumnerd, P., and Goto, A. (2018). Role of public research institutes in national innovation systems in industrialized countries : The cases of Fraunhofer, NIST, CSIRO, AIST, and ITRI. *Research Policy*, Vol.47, No.7, pp.1309-1320.
- Leifels, A. and Schwarts, M. (2017). Foreign workers in German SMEs : A strong plea for free labour markets. *KfW Research*, No.154.
- Leydesdorff, L., and Fritsch, M. (2006). Measuring the knowledge base of regional innovation systems in Germany in terms of a Triple Helix dynamics. *Research policy*, 35 (10), pp.1538-1553.
- Pahnke, A., and Welter, F. (2019). The German Mittelstand : Antithesis to Silicon Valley Entrepreneurship? *Small Business Economics*, Vol.52, pp.345-358.
- Rammer, C., and Spielkamp, A. (2019). The distinct features of hidden champions in Germany : A dynamic capabilities view. *ZEW-Centre for European Economic Research Discussion Paper*, (19-012).
- Rommel, G. (Ed.). (1995). *Simplicity Wins: How Germany's Mid-sized Industrial Companies Succeed*. Harvard Business Press.
- Simon, H. (1996). *Hidden Champions : Lessons from 500 of the World's Best Unknown Companies*. Harvard Business Press. (広村俊悟監修・鈴木晶子訳 (1998)『隠れたコンピタンス経営—売上市場主義への警鐘』トッパン)
- Simon, H. (2009). *Hidden Champions of the Twenty-first Century : Success Strategies of Unknown World Market Leaders*. New York : Springer. (上田隆穂監訳, 渡部典子訳(2012)『グローバルビジネスの隠れたチャンピオン企業—あの中堅企業はなぜ成功しているのか』中央経済社)
- Söllner, R. (2014). The economic importance of small and medium-sized enterprises in Germany. *Wirtschaft und Statistik*, Vol.1, pp.40-51.

- Schumpeter, J. A（1926）. *Theorie der wirtschaftlichen Entwicklung*, Duncker und Humblot.（塩野谷祐一・中山伊知郎・東畑精一訳（1977）『経済発展の理論（上)』岩波文庫）
- Thiele, L. S., and Peters, D.（2023）. Current State of the Inter-Organizational Information Exchange Strategies of German SME-A Survey. *Procedia Computer Science*, Vol.217, pp.620-629.
- Teixeira, J. E., and Tavares-Lehmann, A. T. C.（2022）. Industry 4.0 in the European union : Policies and national strategies. *Technological Forecasting and Social Change*, Vol.180, 121664.
- Trianni, A., Cagno, E., Neri, A., and Howard, M.（2019）. Measuring industrial sustainability performance : Empirical evidence from Italian and German manufacturing small and medium enterprises. *Journal of Cleaner Production*, Vol.229, pp.1355-1376.
- Ulrich, P., and Frank, V.（2021）. Relevance and adoption of AI technologies in German SMEs-results from survey-based research. *Procedia Computer Science*, Vol.192, pp.2152-2159.
- Zimmermann,V.（2022）. Types of SMEs in the innovation system : activities, constraints and successes, *KfW Research*, No. 394.

第5章

ドイツ中小企業からの示唆

1　ドイツ中小企業の特徴

　最後に，これまでの研究結果を踏まえ，ドイツ中小企業の特徴と中小企業経営者の示唆やメッセージをまとめた。文献調査とインタビュー調査の結果見えてきたドイツ中小企業の特徴は，以下の通りである。

● ドイツの中小企業は比較的小規模な事業者も含めて「活力」があり，比較的高い利益率を維持している（相対的に利益を上げている会社が多い）。
● 輸出をしている中小企業は，日本よりも多く，海外志向が強い。
● 自社の製品やサービスに対してこだわりを持ち，安易な安売りをしない中小企業が多い。そのために自社の強みを評価してくれる顧客を積極的に探す努力をし，海外の顧客にも積極的にアプローチしている。
● 自社の製品やサービスが評価され続けるよう，イノベーションを重視する中小企業が多い。イノベーションを重視する結果，他者とも積極的に協働しており，産学連携・企業間連携も盛んである。
● 人材の確保はドイツ中小企業においても重要な経営課題であり，とても従業員を大切にしている。ドイツ中小企業では人材に必要な投資をしているほか，従業員のモチベーションを高める工夫をしている。

● 比較的小規模な事業者であっても，輸出を含む海外との取引を行うための組織マネジメントを行おうとする姿勢がある。経営者は，会計業務について，自社でもしっかりと行いつつも，税理士／会計事務所を積極的に活用し，決算書の監査や助言を通じて決算書の信頼度を高めるのみならず，税理士の助言を活用して経営を高度化することで，自社の信用を高めている。

コラム	中小企業経営者インタビュー 株式会社ワイエス工業所　代表取締役社長　渋谷敬一氏

■企業概要

- ●創業：1967年　●資本金：500万円　●従業員：12名
- ●事業概要：金属挽物加工
- ●所在地：〒339-0073 埼玉県さいたま市岩槻区上野 3 - 1 -12（岩槻工業団地内）
- ●ホームページ：https://ys-kougyousho.com

■会社の沿革と事業概要

　株式会社ワイエス工業所は，創業55年，二代目となる渋谷社長が経営される企業である。創業以来，金属挽物加工に特化しており，自動車，光学機器，半導体装置，水道，空調，アミューズメント等の幅広い分野に部品を供給している。CNC自動旋盤を駆使し，φ30以下の小物部品・極小部品の量産加工を得意としている。主要取引先は40社であるが，取引実績がある企業は70社に上る。

加工品サンプル（イメージ）

■ドイツ中小企業との連携のきっかけ

　渋谷社長は，以前から公益財団法人さいたま市産業創造財団の担当者と懇意にしており，経営を含めて様々な悩みの相談をしてきた。財団の担当者も

代表取締役社長の渋谷氏

親身になって対応をしてくれるため，頼りにしてやりとりを重ねる中で，ドイツ中小企業との連携につながっていく。

　具体的には，2017〜2018年に，さいたま市産業創造財団からの紹介を受け，渋谷社長とさいたま市内の企業2社で，ドイツ・バイエルン州ニュルンベルク市で企画された人材育成のプログラムのブートキャンプに参加したことが，ドイツ企業や関連支援機関との接点になった。その後，クラスター メカトロニクス＆オートメーション（メカトロニクス及び自動化技術に関する産業のネットワーク機関150以上のメンバー企業から成る企業集団）がドイツで開催したサマーキャンプにも参加した。ミュンヘン工科大学で受講したIndustry 4.0に関するセミナーとワークショップから自動化技術とカイゼンの学びを深め，大学や中小企業を訪問してネットワークを構築した。また，ミュンヘン工科大学の学生を自社工場見学に招き入れるなど関係を深めていった。一連のプロセスは，さいたま市産業創造財団のサポートがあって実現した。

　2019年には，ドイツ連邦教育科学研究技術省の支援事業であるミジョイン（MEJOIN：Japanese German Mechatronic Joint Initiative）において，クラスター メカトロニクス＆オートメーションが主導し，ドイツ中小企業や研究機関・支援機関が参画。日本からは，さいたま市産業創造財団を中心に渋谷社長を含むさいたま市内の中小企業や埼玉大学等の研究機関が参画し，共同研究プロジェクトを進めることになった。

　本プロジェクトがきっかけとなって，ワイエス工業所は，2019年からドイツのバイエルン州ヴュルツブルクのソフトウエア企業であるInstruNEXT社とAIを用いた部品の外観自動検査装置の共同研究開発を推進することになった。

　渋谷社長は,「共同研究によって, キズの大きさを定量化, 欠陥の特徴量を算出することで, 設定した閾値でNG部品を自動ではじくことができる外観自動検査装置を開発, 実用化することができた。

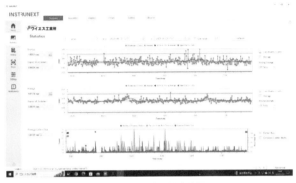

共同研究成果の外観自動検査装置の画面

人手作業を装置に置き換えることにより, 外観検査作業に従事していた検査員をより付加価値の高い作業に充てることができるようになった」と大きな手ごたえを感じている。

■ドイツ中小企業は, 理論・標準化を重視

　InstruNEXT社は, ソフトウエアだけでなく, ものづくりの現場を理解した上で, ハードウエアも含めた総合的な製品開発を重視しており, 共同研究スタート直後に簡単な試作品を用意してきたことに渋谷社長は目を見張ったという。その評価の通り, InstruNEXT社は, オープンイノベーションを加速させることで国内外の顧客を開拓し, 急成長している。

　渋谷社長は,「ドイツの中小企業や研究機関は, 技術面で非常に細かい内容まで研究をしていて, 理論をもとに仮説検証し, 論理的なプロセスでものごとを遂行している。このことは技術面だけでなく, 生産面にも共通している。製品の組立ラインを見学した際, 部品置場の配置や, ラインレイアウトはもとより, 組立間違えができないような部品形状, 組立順番など随所に工夫があり, 仮説検証を重ねた論理的なプロセスを標準化していると感じた。日本の中小企業も標準化はされているものの, その標準化までのプロセスがドイツと異なっていると感じている。どちらが正解かは解らないが, ドイツの中小企業の理論をもとに仮説検証し, 論理的にものごとを遂行する方がものづくりでは本質的だと思う」としている。

■ドイツ中小企業は，総合的な提案で海外顧客を開拓

　InstruNEXT社との共同研究開発は，コロナ禍で全てオンライン対応となってしまったが，仮想専用線を用いてソフトウエアのインストール，デバッグ処理，ブラッシュアップ等をしている。また，日々の連絡はスマートフォンの対話アプリなど，ICTツールを活用して行い，渋谷社長のやり方に寄り添ってくれたという。

　その結果，一号機は，2か月で開発することができ，追加要求にも柔軟に対応した。一号機は既に実用化。汎用性の高い二号機も実装が完了した。また，4年間の共同研究開発を通して，意思疎通が向上し，現在はAI技術を利用した新たな装置を考案し開発に着手した。一連の役割分担は，InstruNEXT社はソフトウエア開発，当社はハードウエアの設計，組立てを担当している。

　渋谷社長は，「ドイツのソフトウエア企業は，開発スピードが速く，ユーザーインタフェースのセンスもよい。積極的にハードウエアとのマッチングも考慮したプラスアルファの提案もしてくれる。日本では，ソフトウエアとハードウエアが分断していると感じるので，総合的な提案が非常に助かった。顧客目線でカイゼン提案をしっかりしてくれる。製造現場にコミットし，良いものづくりをしたいという想いも強い。日本市場を含めた海外顧客開拓も重視している」としている。

■日本の中小企業経営者へのメッセージ

　最後に渋谷社長は，「今後，ドイツの中小企業と共同研究開発をした外観自動検査装置を用いて，小物部品の自動検査装置による検品受託サービスの新事業展開を検討している。日本の中小企業はカイゼンや標準化の必要性を感じていてもなかなか実行できない側面がある。人手不足，日々の作業に追われて手が付けられないことが原因の一つであり，自社だけでできることには限界がある。外部の知見や技術を積極的に取り入れることにより，スピード感あるカイゼンや標準化が実現できると考える。当社のようにドイツ企業との連携など様々なことに興味を持って，行政・産業支援機関等と相談したりしながら，各所に足を運びイベントに参加してみると，思わぬ連携相手と出会うことができるかもしれない。今回のドイツ中小企業の事例のように，

自社だけでは実現がむずかしかった外観自動検査装置の開発と実用化ができたのは，ビジョンが一致して，ウマが合うメンバーでチームを作って，プロジェクトを遂行できたからだと感じている。ものづくりに取り組む姿勢，経営姿勢から学ぶことは多い」と，ドイツ等の海外企業との連携をすることにより，自社の生産性向上，経営力向上につながる学びが多くあることを強調された。

2　日本の中小企業経営にとっての示唆・メッセージ

　本章をお読みいただき，どのような感想を持っていただいただろうか。上記ドイツ中小企業は，何か特別なことをしているわけではない。基本に忠実な経営を実直に行っているのが，ドイツ中小企業経営者の実態なのではないだろうか。

　製造業であっても非製造業であっても，自社の強みをしっかりと高め，自社の強みを評価してくれる顧客をしっかりと獲得し，適正な利益水準を確保する。そのためには，安易な安売りをせず，海外も含めて顧客を開拓し，自社の付加価値を持続的に高めていくために革新性を重視している。新しい発想を得たり，研究開発を円滑に進めたりする上では積極的に他者とも協働することで，自社に不足している技術や人材といった経営資源を補っている。自社の競争力を高めるために，ヒトを大切にしている経営者が多く，人材の育成や採用に対しては必要な時間や費用を掛けている。何より，経営者が組織の大小を問わず，経営者として構築すべき仕組みを構築したり，会計業務について，自社でもしっかりと行いつつも，税理士／会計事務所を積極的に活用し，決算書の監査や助言を通じて決算書の信頼度を高めるのみならず，税理士の助言を活用して経営を高度化することで，信用を高めている。

　ドイツ中小企業経営者のような企業家精神をただちに実践することは容易ではないかもしれない。しかし，今一度，将来の自社の姿や経営者ご自身やご家族の姿を思い描いた時に，不足している経営資源を補っていく努力をすることは重要である。その際，海外で顧客を開拓すること，企業間連携や産学連携に

取り組むことで革新性を実現することなどについて，日本には多数の行政的支援が用意されており，これらを活用することも一案であろう。自社の強みを高め，自社製品や自社サービスを開発して高い利益率を確保したり，自社の強みを相手にしっかりと伝えるためにブランディングに取り組んだりしている日本の中小企業はとても多い。自社製品やサービスの開発やブランディングなどについて，専門家や支援機関などからアドバイスを受けている中小企業も少なくない。

　組織をしっかりとマネジメントし，必要であれば外部専門家も活用することで，経営者がこうした問題にしっかりと取り組むことが重要である。また，経営者が重要事項をしっかりと検討する時間を確保することも重要であり，そのためには社内マネージャーをしっかり育成することや，支援機関などを上手に活用することも検討していただきたい。

コラム	有識者インタビュー： 隅田貫氏 （日独産業協会　特別顧問）

　隅田氏は，長年ドイツにおいて勤務され，『ドイツではそんなに働かない』（角川新書，2021年），『仕事の「生産性」はドイツ人に学べ』（KADOKAWA，2017年）など，多数の著書も執筆している有識者の一人である。数多くのドイツ中小企業や経営者の実態を知る隅田氏に，日本の中小企業がドイツ中小企業から学ぶべき点について尋ねた。

■ドイツの中小企業経営者は「自立」している

インタビューを受ける隅田氏

聞き手：隅田さんは長年ドイツでご勤務され，多くのドイツ中小企業とも親交があったと聞いていますが，日本の中小企業と目に見えて違う点というのはそんなにあるものでしょうか？

隅田：ドイツの中小企業とお付き合いしていて思うのは，経営者の役割がしっかりしていて，経営者は経営者としてすべきことをしっかり取り組んでいるということです。従業員の方もしっかり，自分の職務を認識して，限られた時間の中で，最大限の成果を出そうという意欲を感じます。あえて一言で特徴を言えば，「自立」していると思います。

聞き手：当たり前と言えば，当たり前ですが，小規模企業であれば，経営者が何でもこなす，従業員の方も手が空いていることがあれば何でも手伝うといった風景を良く見かけますが，経営者が「経営」にしっかり取り組むというのは大事な視点ですね。隅田さんが，この点，特に強く感じるのは具体的にどのような場面でしょうか？

隅田：例えば著書の中でも触れているのですが，ドイツでは中小企業であっても効率的に働き，短い時間でも高いパフォーマンスを出せるようにしようという意思が強い傾向があり，実際にそれが数字にも表れています。日中はバリバリ仕事をしますが，17時を過ぎたら家に早く帰って家族と過ごす時間を大事にします。日本のように遅くまで飲み歩いてコミュニケーションを取っている訳ではありませんが，コミュニケーションが取れていないのではありません。経営者は従業員のことをとても気にかけていますし，金曜日などには17時頃からオフィスや工場でお酒を軽く飲んでコミュニケーションを取っている場面も見かけます。社長もその輪に入って談笑しますが，適度に会話を楽しんで帰路につきます。そしてこうした働き方を実現させるのは経営者です。

■自分たちの価値を認めてくれる取引先を探す

隅田：中小企業であっても，安易に安売り路線に走れば，会社の儲けが少なくなり，余裕がなくなっていきます。自社の技術やノウハウをしっかり磨いて，正しい価値を認めてもらえるように努力していることは間違いありません。そして，自分たちが活躍できる市場をしっかり考え，海外市場も含めて自分たちの強みが評価される市場を探す努力をする姿勢には学ぶべきところがあると思います。

聞き手：安売りに走らず，自分たちの強みを磨くこと，その強みを高く評価してくれる市場なり取引先を探す努力をすること，これも経営の教科書のような話ではありますが，実直に実践されているのは印象的ですね。

隅田：そして自分たちの強みなり良さを相手に伝えられることも大事です。文字化したり，社長自らが直接営業したりしてその良さを伝える必要があります。日本の経済・産業も成熟していますが，ドイツも同じです。国内市場が頭打ちとなる中，世界の80億人を相手に商売をする，80億人の中から取引先を探すという気概を感じる経営者は多いと思います。

■自社の強みを高めていくためには外部との連携も必要

聞き手：ドイツの中小企業は，積極的に産学連携にも取り組んでいると聞き

ますが，実態としてはどうでしょうか？

隅田：地元の大学や研究機関との連携は中小企業であっても積極的に行っているのは事実だと思います。日本で産学連携というと，産学連携をすること自体が目的となってしまい，十分な成果につながらなかったなんていう話も聞きます。ドイツではやはりプロジェクトベースでの連携がメインですから，具体的な技術的な課題を解決して，新製品を開発・販売するといった目的が明確です。目的が明確ですから，目的が達成されるように努力していると感じます。ドイツ人はロジカルな議論を好む方も多いですので，研究者やエンジニア同士が課題を解決するためにしっかり議論をしながら，共同研究などを行っている印象があります。

■人材の獲得はドイツでも重要な経営課題

聞き手：そうした研究開発に社長自身が関わっていくこともあると思いますが，開発を担っている従業員の方が中心になることも多いですよね。日本の中小企業経営者の方とお話をすると，人材の確保に苦労されている方も多いのですが，ドイツではいかがでしょうか？

隅田：ドイツの中小企業も人材の育成は大きな経営課題の一つだと思います。採用については，中小企業であってもインターンシップの活用をしている例は多く見られます。ドイツは元々，各地域の独立性が高いこともあって，日本のように一極集中が進んでいないという事情もあるとは思いますが，自社の良さを学生にも伝えられなければ，良い地元の学生は来てくれませんから，その意味でも自社の良さをしっかり伝えられる，働いている人たちが働きやすいと思える環境を作ることは経営者として大切なのではないでしょうか？

　日本でも地域の大学や高専などがたくさんありますので，地元に魅力的な中小企業が就職先として存在するということを知ってもらうことは大事だと思います。

■強いチームをつくる

聞き手：産学連携の話にしても，目的に照らして必要な経営資源を外部との連携の中で補うということですし，会社としてしっかり人材を確保していく

という点も基本的なことをしっかりやっているということですね。それと，働きやすい職場づくり。日本でもワーク・ライフ・バランスの考え方が浸透してきていますから，経営者が24時間働きますと言っても若い人はついてこないですよね。

隅田：ドイツでは中小企業であっても従業員は6週間程度バカンスを取りますので，お互いに助け合わなければなりません。その意味で，グループ単位で仕事を行うようにしている会社は多く見られます。グループ単位で動く際には，最初にも申し上げたように各自が自立していることが必要ですし，マネージャーがしっかりとマネジメントに取り組まなければなりません。経営者としては，このグループのリーダーが孤立しないようにしっかりコミュニケーションを取ってサポートもしている印象です。

聞き手：国による文化の違いや，企業文化の違いもあると思いますが，強いチームをつくるというのは経営者として共通して考えるべきテーマですね。

隅田：もちろん特別なことばかりしている訳ではありませんが，例えば会議を一つ見ても，日本では一番偉い人が議長役をやっている場面を良く見ますが，あれでは参加者は発言しにくいですし，マネージャーが育ちにくいですよね。司会役は，社長ではなく，別のマネージャー職の方が議題に応じてやった方が良いと思います。

■日本の中小企業経営者へのメッセージ

聞き手：最後に日本の中小企業経営者の皆さまへのメッセージをいただけますか？

隅田：日本の中小企業経営者の多くは大変熱心で能力の高い方ばかりであると思います。能力や意欲の面でドイツ中小企業の経営者の方が勝っているとは思いませんが，経営者として基本に忠実な経営をされている方は多いと思います。今の事業環境は容易でないことも多いと思いますが，自社の強みを活かし，ご本人も含めて幸せな働き方を模索する中に答えが見えてくるのではないかと思います。

第Ⅲ部

シンポジウム
「中小企業の経営変革に向けて」

第6章

大同生命創業120周年記念事業 シンポジウム：基調講演録

司会： ただ今より，大同生命創業120周年記念事業シンポジウム「中小企業の経営変革に向けて～サステナビリティ経営の実践とドイツ中小企業からの学び～」を開演いたします。

　それでは「中小企業のサステナビリティ経営」と題しまして，国立大学法人神戸大学経済経営研究所所長・教授，家森信善さまよりご講演いただきます。家森さま，よろしくお願いいたします。

1　中小企業のサステナビリティ経営（家森信善）

家森： 皆さん，こんにちは。神戸大学の家森です。今日はどうぞよろしくお願いいたします。

　大同生命さまの創業120周年記念事業として，神戸大学経済経営研究所と1年間，共同研究を実施してきました。その成果をこれからご紹介させていただきたいと思います（スライド1）。どうぞよろしくお願いいたします。

　スライド2に示したように，私が所属しています神戸大学経済経営研究所では，私と西谷副所長，それから柴本教授の3人でこの共同研究プロジェクトを実施させていただいています。

［スライド1］

大同生命　創業120周年記念事業シンポジウム（2023年3月6日）

中小企業の
サステナビリティ経営

－2022年9月大同生命サーベイとヒアリングの結果
に基づいて－

神戸大学経済経営研究所長・教授
家森信善

［スライド2］

1.　神戸大学経済経営研究所の研究チーム

- 家森信善　神戸大学経済経営研究所 所長・教授（研究代表者）
- 西谷公孝　神戸大学経済経営研究所　副所長・教授
- 柴本昌彦　神戸大学経済経営研究所　教授

　私は金融論を主に専攻していまして，現在，中小企業庁で金融小委員会の委員長を務めています（スライド3）。その他，金融庁の業種別支援手法に係る研究会の座長等を務めています。ということで，主に金融に関心があるのですけれども，その金融機関のお客さまである中小企業をどうやって良くしていこうかという観点で，中小企業に，近年，関心を持って研究をしています。

　では，内容に入らせていただきます。共同研究の問題意識ですが，スライド4にありますように，気候変動や環境問題への対応など，SDGsに対する社会的な関心が高まっている昨今において，環境・社会の持続可能性に配慮して，事業の持続的成長を図ることを「サステナビリティ経営」と呼んでいます。大企業だけではなく，中小企業にもサステナビリティ経営をしっかりと定着させていくということが課題になっているという認識です。

　スライド4の図表にありますように，中小企業の持続的発展のためには，例えばコンプライアンスや事業承継などもあるのですが，その重要な部分である，社会・環境の部分に焦点を当てて，大同生命の皆さん方と一緒になって考えていこうという共同研究です。

[スライド 3]

＜家森信善（やもり のぶよし）＞

1988年神戸大学大学院経済学研究科修士課程修了。

名古屋大学教授、同総長補佐などを経て、2014 年より神戸大学経済経営研究所教授。2016年同副所長、2021年より同所長。2014 年より名古屋大学客員教授兼務。

現在、財務省・財政制度等審議会専門委員、中小企業庁・中小企業政策審議会臨時委員（金融小委員会委員長）、東海財務局・金融行政アドバイザリー、地域経済活性化支援機構・社外取締役などを勤めている。また、金融庁「業種別支援手法に係る研究会」座長、特許庁「知財金融委員会」座長、金融庁「地域金融機関等による人材仲介を通じた事業者支援の高度化に関する研究会」座長、中小企業庁「中小企業収益力改善支援研究会」座長などを努めている。

これまでに、金融審議会委員、金融庁参与などを歴任。

現在、日本学術会議連携会員、日本金融学会常任理事、日本経済学会評議員、日本保険学会理事、生活経済学会副会長、日本FP学会理事、損害保険事業総合研究所・非常勤理事、日本貸金業協会副会長なども勤めている。

[スライド 4]

2.　共同研究の問題意識

➢気候変動や環境問題への対応など、SDGs（持続可能な開発目標）に対する社会的な関心が高まっている昨今、環境・社会の持続可能性に配慮し、事業の持続的成長を図る「サステナビリティ経営」は、大企業だけではなく中小企業にとっても大きな経営課題となりつつある。

中小企業の持続的な成長に向けた取組み
経営計画の策定、法令遵守、事業承継、事業継続計画 等

＜サステナビリティ経営＞
①社会要請への対応（例：脱炭素・環境に配慮した経営）
②社会価値の創造（例：社会課題解決に向けた商品開発）

環境・社会への配慮により、事業の持続的な成長を図る経営

　手法としては，大同生命さんが毎月行われているアンケート調査「サーベイ調査」を利用させていただいて，大量のデータを集めようと考えました（スライド5）。さらに，通常ですと，このサーベイだけで議論するのですけれども，今回は特別に大同生命さんにお骨折りいただいて，事業者の方々に，個々にヒアリングをしていただいて，数字でわれわれが分析して，こういうことだろうと思ったことを，生の声でも確かにそうだと確認するという作業をしました。

　目的は，このスライド5に書いていますが，サステナビリティ経営は必要だと中小企業は思っているのか，もしそのとおりだとすると，できていないのはなぜだろうか，どんなところに問題があるのか，などを調べていこうということです。

　最終的には，スライド5にありますように，中小企業におけるサステナビリティ経営の普及に貢献できればと思って，この研究を始めました。

　内容に入ります。まずアンケート調査の概要はスライド6にまとめています。2022年9月に実施していただきました。全国の中小企業の経営者8,000社余りから回答を得ることができまして，このうち，6割ぐらいが大同生命さまの契約企業です。特定の会社のお客さまだけだとサンプルにバイアスがあるのではないかということになるのですけれども，大同生命さま以外のお客さま方にも回答していただいています。

　調査方法については，単にチラシをまいてということではなく，営業職員の方が訪問，あるいはZoomによるということで，丁寧に調査していただきました。下の方に示しているように，お答えいただいた企業は，従業員5人以下という小さな会社が大体半分ぐらいです。「21人以上」が2割程度ありますが，基本的に小さな会社が中心のサンプルです。

　スライド6の右側には，社齢を示しています。創業から100年以上の会社までありますが，平均が30年程度のサンプルですから，しっかり社歴のあるお客さまが中心です。10年以内の比較的新しい方は1割程度というサンプルです。

　まず，非常に顕著なのが，スライド7の結果です。2021年にも，大同生命サーベイでサステナビリティ経営について尋ねていました。今回の調査は，2022年

［スライド 5 ］

- 中小企業経営者アンケート調査「<u>大同生命サーベイ</u>」や<u>ヒアリング調査</u>を通じて、中小企業による「サステナビリティ経営」の必要性や優先順位、取り組むうえでの阻害要因や促進要因、期待される効果やメリット等を明らかにし、それらを推進・支援するにあたっての有用な示唆を得ることを目指した。

中小企業における<u>サステナビリティ経営の普及</u>に貢献したい。

5

［スライド 6 ］

3．中小企業のサステナビリティ経営に関するアンケート調査の概要

調査期間：<u>2022年9月1日〜9月30日</u>

調査対象：全国の企業経営者 <u>8,033社</u>（うち約6割が大同生命保険株式会社の契約企業）

調査方法：大同生命保険株式会社の営業職員が訪問または Zoom面談により調査

調査結果：https://www.daido-life.co.jp/knowledge/survey/202209.html

従業員規模			
	5人以下	3,631	（45.2）
	6〜10人	1,517	（18.9）
	11〜20人	1,123	（14.0）
	21人以上	1,620	（20.2）
	無回答	142	（1.8）

創業年数	企業数（占率）	
10年未満	757	（9.4）
10〜30年未満	1,833	（22.8）
30〜50年未満	2,392	（29.8）
50〜100年未満	2,431	（30.3）
100年以上	290	（3.6）
無回答	330	（4.1）

6

９月ということですから，わずか１年でどれだけの変化があったのかを示しています。2021年には「名称・内容ともに知っている」というのは16％しかなかったのが，１年後には43％まで増えています。

　逆に言えば，「内容・名称ともに知らなかった」というのが，かつては半分，つまり１年少し前には半分だったのが，この１年の間に４分の１まで減っているということです。今や中小企業の経営者の方々で，サステナビリティ経営と聞いて，ぴんと来ないという方は，もう４分の１以下になっています。

　これは2022年９月の調査ですから，それから時間がたっていますので，もっとこの比率は下がっているということになります。もはやサステナビリティ経営が何であるかということは，話をしなくてもよいようなところまで進み始めているということが，まず第１に指摘しておきたいことです。小さな企業が中心のサンプルでも，サステナビリティ経営の認知度は急激に高まっているということです。

　回答者が8,000もありますから，各都道府県でもそれなりの数があるので，スライド８は，試みに都道府県別に知っているかどうかの比率を出してみたものです。2022年と21年の改善幅で表を作っています。神戸大学の地元の兵庫県は上から４つ目にありまして，かつては17％だったのが，わずか１年の間で，ほぼ６割というところまで来ています。これが何で起こったのかについては，正直言うと，まだ分かっていないのですが，とにかく，この間にサステナビリティ経営についての認知が全国的に上がっているということは確かです。

　ここからは分析的なものです。一つ目は，2021年の時にSDGsを知っていたという回答者の方々が22年の９月の段階でどうだったかということを調べてみたのがスライド９の表です。21年にSDGsのことを知っていたという方々は，22年になるとサステナビリティ経営を実施しています。なお，ここでは，本業の中で取り組んでいる場合と，例えば節電をする，節水をするなどの意味での間接的なサステナビリティ経営の，両方を合わせて計算しています。

［スライド 7］

4．アンケート調査の結果

中小企業の間でも、サステナビリティ経営についての認知度は急激に高まっている。

- 名称・内容ともに知っている
- 名称は知っているが、内容は知らない
- 名称・内容ともに知らない

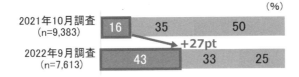

	(%)
2021年10月調査 （n=9,383）	16　　35　　50
2022年9月調査 （n=7,613）	43　　33　　25

+27pt

7

［スライド 8］

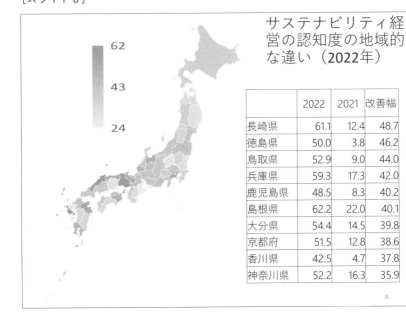

サステナビリティ経営の認知度の地域的な違い（2022年）

	2022	2021	改善幅
長崎県	61.1	12.4	48.7
徳島県	50.0	3.8	46.2
鳥取県	52.9	9.0	44.0
兵庫県	59.3	17.3	42.0
鹿児島県	48.5	8.3	40.2
島根県	62.2	22.0	40.1
大分県	54.4	14.5	39.8
京都府	51.5	12.8	38.6
香川県	42.5	4.7	37.8
神奈川県	52.2	16.3	35.9

8

　当たり前のことなのですが，こういう概念を知り，世界的な潮流なのだということを知ると，取り組んでいくことになるのだろうと思います。逆に，知らないという方々は，1年たっても84%が実施をしていないということになります。

　まずは中小企業の方々にサステナビリティ経営がほぼ知られてきたので，これからは，それが重要だということを知ってもらうことが次の課題になると思います。

　スライド10は会社の規模別に実施度を調べたものです。やはり，従業員21人以上ですと，半分近くの企業が実施しておられます。しかし，5人以下の企業になると2割程度ということで，やはり規模の大きさは影響しています。

　しかし，私たちが強調したいと思ったのは，5人以下の方々でも，今や2割は実施しているということです。5人いたら一人はやっていらっしゃるということなので，もう決して珍しいわけではなくなってきているということです。

　大体，こういうものは3割，4割になってくると，「世の中はそういう方向だ」と思って，慌ててみんながやり出すということになるので，中小企業においても，サステナビリティ経営というのはこれから加速化していく局面に入りつつあるのではないかと思います。このチャンスを，ぜひ積極的に活用していきたいと思います。

　サステナビリティ経営に取り組んでいる企業にはどういう特徴があるかをいろいろな側面から分析したのですが，そのうちの一つをスライド11にまとめています。2年から5年程度の中期的な計画があるというのが重要な特徴ではないかということで，アンケート調査をしましたところ，中長期的な計画を持っているという方々では，55%ぐらいがサステナビリティ経営を何らかの形で実施しておられるということです。

　逆に，現在は計画もなく，今後もやれそうにないと思っていらっしゃる方々では，ほとんどの方々，9割ぐらいは，やっていないとお答えになっています。

　ですから，サステナビリティ経営と中長期的な経営の視野というのは，かなり両立するものなのです。皆さん方は経営をやっていくのに，場当たりでやっ

［スライド9］

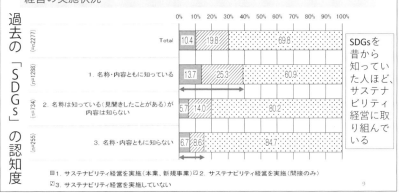

［スライド10］

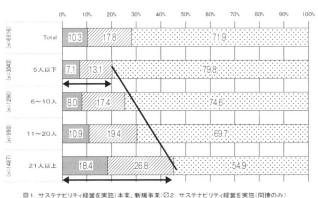

ていってはダメだと思っていらっしゃるはずです。中期的な計画をしっかり立てるということは，サステナビリティ経営をやることにもつながるし，別の調査で私が明らかにしていますが，事業承継においても，こういう中長期な計画があるというのは非常に重要になっています。

　例を挙げますと私が継ぐ側にいたとします。会社の来年は分かるけれども，3年後にどうなっているかは分かりませんということでは怖くて継げないというわけです。

　こういうビジョンで，こういう形で，わが社の強みはこれから5年，10年，100年と続いていくということがしっかりと分かれば，安心して「よし，俺もやろうか」となるわけです。サステナビリティ経営をしっかりやるというのは，中長期的な計画を立てることにもなるし，それは事業承継を円滑にすることにもつながっていくと思います。

　スライド12をご覧下さい。「サステナビリティ経営を取り入れる契機はどういうものですか」と尋ねてみました。ここはスペースの関係で1から10までの選択肢のうち，回答の多かった，1，2，3，4と9，10を取り上げています。一番多いのは1の「気候変動対策や環境保全に対する社会の意識が高まっているため」という回答です。

　これについて言えば，後のパネルディスカッションでも議論になると思いますが，経営者の感度，時代の要請に合わせた感度というのが非常に重要になってくると思います。中小企業の場合には，やはり経営者が圧倒的に重要で，この方が，こういうことが世の中の重要な課題になっているし，これがわが社にとってもリスクでもあり，オポチュニティーでもあるということを認識できるかということが鍵になるのだろうと思います。

　3や4の「地域経済の発展に貢献したい」「自社の企業理念・経営理念に一致している」などからは，高い理念をしっかりお持ちの企業は，こういうものにマッチしやすいということが分かります。

　恐らくは，経営者の方々が，将来についてのしっかりした理念をお持ちになり，情報をしっかり取っていかれると，自然にサステナビリティ経営というのはできていくのだろうということです。気がつかないとすれば，気付きを与え

［スライド11］

> ➤ **中長期的な計画**を継続的に作成する意向を持つ企業（小規模企業であっても）は、サステナビリティ経営の実施割合が高い。
>
> ➤ 中期的な計画を持つ意向のない企業は、サステナビリティ経営を実施していない。

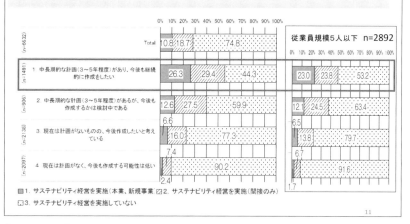

［スライド12］

> ➤ **サステナビリティ経営を取り入れる契機・要因**は多岐にわたるが、「社会の意識の高まり」が最も多い。
>
> ➤ 本業に取り入れている企業では、「地域経済の発展への貢献」や「自社の企業理念・経営理念と一致している」ことが契機だとする回答も多い。

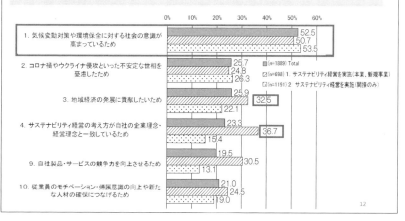

るということが重要なことになってくると思います。

　次に，業績はどうかを見ると，スライド13に示したように，やはり業績が良いところほど，サステナビリティ経営を実施されているということが分かります。

　これは，私たちの基本的な解釈としては，サステナビリティ経営をやれば業績が良くなり，業績が良くなれば，サステナビリティ経営をますます進めていけるという，好循環に入っている企業があり，他方で，この一番下のほうの「悪い」というほうは，悪循環に入って「貧すれば鈍する」のような感じになっていて，なかなか前に進めないということです。この方々にきっかけを与えて，上のいい循環に変わっていっていただくというのが，これからの課題ではないかということも分かりました。

　次に，サステナビリティ経営を実践している場合，ショックが起こった時に経営が安定しているのではないかと考えて検証しました。現実に，現時点で言えば，電気代がものすごく上がっています。以前から省エネルギーをやっていれば，この電気代の高騰に対しての影響は小さく済んだわけです。そういう意味でも，ショックに対して強い経営ができるのではないかということで，アンケート調査をしてみたものです。

　そうすると，やはりわれわれの仮説は当たっていました。スライド14に示したように，サステナビリティ経営を実施している方々では，このコロナ禍でのショックの影響が「とても小さい」「やや小さい」など，「小さかった」とお答えになるのが30％近くありました。ところが，実施をしていないという方々になると，これが20％程度なわけです。

　ということで，やはりショックに対しての強さが違います。さらに，もう少し分析してみました。サステナビリティ経営をいつ頃からやっていましたかというのを聞いていたので，その結果とのクロス集計をしたのがこのスライドの一番下です。4年以上前からやっているという方々では，より高い30％を超える人たちが影響が小さかったと答えています。

　もう一点注目しておきたいことは，サステビリティ経営を実施という回答の

[スライド13]

> 業績が良い企業ほどサステナビリティ経営を実践している。長期的視野で持続的な発展を実現するという好循環が実現。

> 経営状態の悪い企業で、サステナビリティ経営を実践している企業は少ないが、苦境からの打開策として取り組んでいる企業もある。

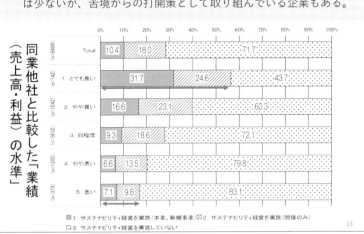

[スライド14]

> サステナビリティ経営を実践している企業（とくに長期実施企業）はショックに強い。

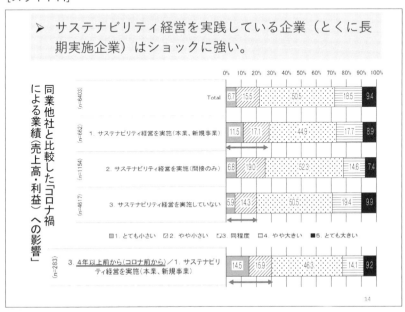

ところです。そこを見ていただくと，サステナビリティ経営をやっているのに，影響が「やや大きい」というのが，結構多くなっているのです。これがなぜかというと，コロナ禍で大きな影響を受けた企業の中には，これからはこれではいけないと思って，サステナビリティ経営を取り入れられた企業があったようなのです。

　ですので，悪かったから取り入れられた方々がいるので，サステナビリティ経営を実施している企業の中に，ショックの悪影響を受けた企業が比較的多いのです。しかし，きっと来年，再来年になると，この方々にも成果が出てきて，この比率が変わってくると予想できるのです。なぜなら，先に見たように，何年もやっているとショックに強くなってくるということが分かっているからです。

　スライド15は，取り組む上での課題は何かを聞いた質問への回答です。圧倒的に多いのは，2番目の「人材が不足している」ということです。それぞれに4つの棒グラフがありますが，一番下の棒グラフが，実際にやっていない方々の回答です。彼らの46.9%が，社内に人材がいないからできないとお答えになっています。

　しかし，逆に，見ていただくと，実際に実施している方々では，人材の不足はもちろん大きな課題なのですが，比率はかなり下がっていますし，「課題はない」という回答もかなり多いです。何らかの課題は，皆さん抱えていらっしゃるとしても，実施していくうちに緩和していくのです。したがって，最初の着手が重要なのだと思います。

　この点を確認するためにスライド16を用意しました。先ほど，人材が課題だという答えがもっとも多いことを紹介しましたが，実際に取り組んでいる方々の中で，人材をどの程度問題にされているかを調べたものです。今年からやった方々では，人材が問題だというのが3割なのです。ところが，4年前からやっている方々では，人材が問題だというのは2割を切るのです。

　やってみないと人材は育ちません。これはまさに経営者の問題なのですけれども「やり始めた」，しかし「成果が出ない」，だから「もうやめる」ではなく

［スライド15］

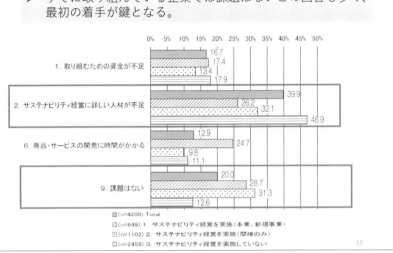

［スライド16］

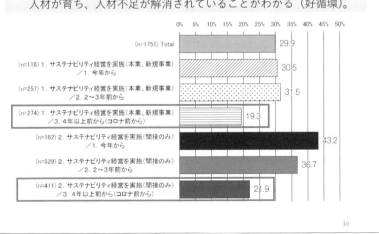

て，成果がすぐに出てこなくても，頑張って人を育てられるかというところが
鍵になりそうだということが分かります。

　サステナビリティ経営をやらない，取り組む予定がないとお答えになる方々
に「なぜですか」と聞いた結果がスライド17です。一番多いのは「取り組むメ
リットがないから」でした。それから，下のほうにありますけれども，「人材
が足りないから」が続いています。繰り返しになりますが，人材は実践しない
と育たないのです。

　ですから，これは確かに問題なのですが，育てていくことをやるかどうかと
いうことにつきます。「メリットを感じない」あるいは「リスクを感じない」
という辺りについては，やはり外から気付きを与えるということが非常に大事
になってくると思います。

　気付いた社長さんは，もう既にサステナビリティ経営を実践されているわけ
です。今まだ気付いていない社長さん方にどのように伝えていくかというのが，
これからの課題になります。

　スライド18は，サステナビリティ経営をやっていらっしゃる企業さんに「ど
のようなメリットがありますか」ということに答えていただいたものです。い
ろいろなものが挙がっていますが，注目したいのは一番下です。

　「得られた効果やメリットはない」というのは8％ぐらいということで，12
社に1社ぐらいしかなくて，逆に言えば，11社は「何らかのメリットがある」
とお答えになっていることになります。ということは，やはり取り組んでみた
ら効果はあると，ほとんどの方が実感されているのです。

　特に最近，メリットとして「コスト削減」を感じていらっしゃる方が多いの
は自然です。CO_2を減らすために省エネルギーの能力の高い設備に換えたり，
あるいは太陽光発電によって工場の電気をまかなったりすれば，コスト削減に
非常に大きな効果があるわけです。

　さらに，この下の2つは従業員に対しての効果です。インタビューでも出て
きたのですが「従業員の意識が良い方向に変わる」あるいは「企業のイメージ
の変更による従業員の確保や離職率の低下」というように，サステナビリティ

［スライド17］

> ➤ サステナビリティ経営に取り組む予定がない企業は、取り組まない理由として「メリットを見いだせない」が最も多い。
> →課題認識を共有する取り組みが不可欠

［スライド18］

> ➤ サステナビリティ経営に取り組んだ結果として得られた効果・メリットは多岐にわたり、ほとんどの実施企業がメリットを感じている。

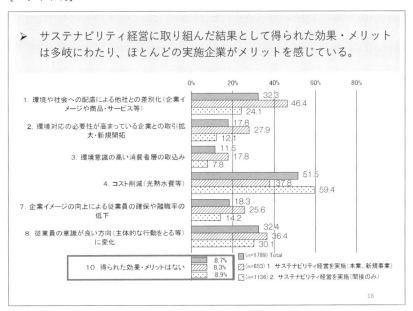

経営をやっているということは，働く人々，会社のメンバーにとって誇りを持ってもらえるのです。

　これは非常に重要な効果です。私が，別の中小企業に対するアンケート調査で「経営課題は何ですか」と聞くと「お金」と答える方はもちろんいるのですが，それ以上に「人が採れません」というのが一番多いのです。人を採るために何をやらないといけないかという時代に，それが目的ではなくても，サステナビリティ経営をやっているということは，人を採るというところにおいても非常にプラスになるということです。まさに先ほど「サステナビリティ経営をやっていると業績が良くなり，業績が良くなれば，一層サステナビリティ経営を行える」と言いましたが，その好循環の原動力はどうもこの人材確保にありそうなのです。

　サステナビリティ経営をやっていると，いい人が入ってきますし，いい人が残ってくれます。それなら，業績が良くなりますよね。業績が良くなれば，ますますサステナビリティ経営をやっていけます。誇りを持って事業をやっていけることの効果が分かってきました。

　スライド19では，「どのような支援を受けましたか」ということを聞いてみました。この支援についての回答は，かなり分かれました。これは何にでも役に立つ支援はないからでしょう。この表で見ていただくと，いずれの選択肢も大体2割程度です。「税理士の先生方への相談」というのが比較的多いわけですが「講演やセミナー等による情報提供」というのもかなり有効です。

　10番の「役立った支援はない」というのが2割程度あります。今，取り組んでいらっしゃる方々の場合は，意識の高い経営者の方々だったので，支援がなくても取り組んでおられるのです。これから，そうでない方々にやっていただくことが必要ですので，様々な支援をいかに充実していくかということが，大きな課題になってきます。

　これが8,000人を超える方々からご回答いただいたアンケート結果です。

　それを受けて，インタビュー調査を事務局のほうでやっていただきました。それを取りまとめたのがスライド20からです。以下は少し細かいので，ごく簡

［スライド19］

> ➤ サステナビリティ経営において役立つ万能の支援はなく、企業の状況の応じた幅広い支援が必要だが、まだ提供は不十分。
> ➤ （課題認識が広がる途上のため）相談してもらう、セミナーに参加してもらうというきっかけ作りが、直接支援と同程度に重要

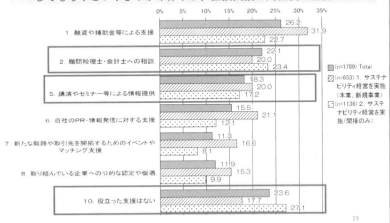

［スライド20］

5. インタビュー調査

業種	企業名	所在地	従業員数	概要
卸小売業	斉藤商事株式会社	埼玉県富士見市	13名	ユニフォーム製造を通じてSDGsに取り組む
	アイパック株式会社	東京都大田区	13名	食品包装を通じフードロス削減に貢献
サービス業	大福コンサルタント株式会社	鹿児島県鹿児島市	100名	地域の未来を提案する建設コンサルタント
製造業	中外製網株式会社	石川県金沢市	104名	SDGsにより業務全般を見直し、新事業を展開
	株式会社ニシト発條製作所	大阪府大阪市	22名	経営にSDGsの視点を導入し、積極的に発信
建設業	株式会社山翠舎	長野県長野市	25名	古民家の再生・移築・解体 建築・商業施設内装の古木専門施工 商業施設（飲食・物販）内装の設計及び施工 造作家具・木製建具・古木の加工製作及び販売 飲食店開業支援サービスの提供など

20

単にご紹介をします。ウェブ上でインタビュー調査についても公開しています
ので，できましたらそれをご覧いただきたいと思います[1]。以下では，時間
の制約から，枠に囲んだものをご紹介しようと思います。

　お答えいただいたのは，従業員規模で言うと10人台から100人規模のところ
までの様々な会社です。斉藤商事さまは，後ほど，パネルディスカッション
にもご登壇いただくことになっています。

　「サステナビリティ経営企業は，経営姿勢，SDGsの認知度や事業活動への影
響度合いに特徴があるのではないか」との問題意識から，聞いてみました（ス
ライド21）。

　山翠舎さんの場合には「当社はミッション・ビジョンのみならず「存在意義
＝パーパス」を経営理念として社内外に分かりやすく示し，長期的な視座で逆
算型の経営を実践している」と答えておられます。長期のあるべき姿から判断
して，今，これをやるべきだと思っていらっしゃる。経営理念をしっかり持っ
て，それに応じて経営者の方々が動いていらっしゃるということが，特徴とし
て確認できました。

　次に，「景況感や業績との関連はどうか」ということで言いますと（スライ
ド22），もちろん，業績との関係もあるのですが，一番下の中外製網さんの場
合を見ると「SDGsは儲かっているからやっているのではない。SDGsは最大級
の思いやりだと解釈をしている。思いやりの連続でしかSDGsは進まない。社
内の思いやり，感謝がないとうまくいかない」と発言されています。つまり，
業績がいいからやるわけではなくて，やはりこういう高い経営理念を持って
やっているので，業績も良くなっていくということなのだろうと理解できます。
この好循環に入れるかどうかということが，サステナビリティ経営にとって非
常に重要なことだということが分かりました。

1　加筆修正の上，本書の第Ⅰ部に掲載している。

［スライド21］

◆　サステナビリティ経営企業は、経営姿勢、SDGsの認知度や事業活動への影響度合いに特徴があるのか

✓　「満足から感動へ　感動から感謝される企業でありたい」を企業理念に掲げ、ユニフォームの販売を通し、環境・社会・経済の持続可能性の向上を目指している。その実現のためには自社のみならず、地域社会、お客さま、従業員それぞれの事を考える事が必要だと当時（取組み前以前）から考えていた。（斉藤商事株式会社）

✓　経営理念・運営方針は「親切をモットーにお客さまと接し、信頼される製品を作り、人々が幸せに生活できる会社とする」。SDGsは　2030年がゴールではあるが、その先も何かあると思うので、将来を見据えて、経営者が考え続けることが重要。（株式会社ニシト発條製作所）

✓　限りある資源をいかして、安全・安心な地域社会をつくり、社員も笑顔になる。それを経営理念にしている。そして、再エネ、リサイクルの促進や健康経営の推進など、本業に直接かかわる部分だけではなく、多様な側面で幅広い取組みをしている。（株式会社大福コンサルタント）

✓　当社は、ミッション・ビジョンのみならず、「存在意義＝パーパス」を経営理念として社内外にわかりやすく示し、長期的な視座で「逆算型」の経営を実践している。（株式会社山翠舎）

✓　SDGsが普及する以前から掲げている「漁業者の持続発展」が企業理念。（中外製網株式会社）

21

［スライド22］

◆　サステナビリティ経営の導入は、景況感・業績と関連があるのか

✓　SDGsの取組みにはコストがかかる部分もあるが、環境配慮の重要性を社内外に意識させることで得られる持続可能性は、費用対効果も非常に高いものだと実感している。事業基盤である環境・社会を守り・増強することで経済を守り、事業を持続的に成長させることが、社員の幸せにもつながると思っている。（斉藤商事株式会社）

✓　SDGsに取り組むことで、すぐに利益が出るわけではないが、無料の広告効果があり、応援してくれる人が増え、またいっしょに仕事したいという人が増え、その結果、どこでバネを買うかということになると「ニシトで買おう」というようにつながっていく。時代の流れであるSDGsに合わせてサステナビリティ経営を変える方がプラスになる。（株式会社ニシト発條製作所）

✓　サステナビリティ経営を、すぐに本業の売上や収益につなげていくことは難しい面がある。コスト重視でサステナビリティ経営に全く関心がない顧客企業には、なかなか関心を持ってもらえないのが現実だろう。（アイパック株式会社）

✓　サステナビリティ経営に取り組む目的は、コスト削減だけではない。サステナブルな社会の実現に向けて社員の意識が高まり、物事を自発的にやるようになった。こうした取組みが職場環境の良さにつながり、働きやすさにもつながる。（株式会社大福コンサルタント）

✓　SDGsは儲かっているからやっているのではない。SDGsは「最大級の思いやり」だと解釈している。思いやりの連続でしかSDGsは進まない。社内の思いやり、感謝が無いと、うまくいかない。（中外製網株式会社）

22

　スライド23は「取り組みのきっかけは何ですか」というのを聞いてみた結果です。アイパックさんの場合，「ここ数年，SDGsというキーワードが新聞等で取り上げられるようになってから，食品ロスを含めた食品管理の問題への関心がさらに強くなり，当社でもサステナビリティ経営を意識するようになった。SDGsがメディアで取り上げられ始めた頃から，顧客企業からキーワードが出るようになり，気になって調べるようになった」と回答されています。

　これは，まさに経営者の方々がアンテナを張って，世の中がどういう方向に動いているのだろうかというのを常に見ていらっしゃることを示しています。顧客企業と対話をされる中で，問題意識をお客さまのほうが持っていらっしゃる。そうすると，それを受けて，自分のほうもそれに対応しようと考え始められたということが分かります。

　話を聞いても問題意識がないと素通りしてしまいます。そういう点で，やはり問題意識をしっかり持った経営者がいらっしゃると，こういう取り組みがしっかりとできるようになっていくということなのです。

　スライド24に参ります。「サステナビリティ経営に取り組んでいる中小企業の課題は何か」ということですが，これは2番目に挙げているニシト発條製作所さんの場合，「儲かっているからSDGsの取り組みをやっているわけではないが，経営者である以上，数字で結果が語れないといけない。本当はSDGsの活動で何％利益が出たかを示せると良いが，その方法は確立できていない」という課題を指摘されています。確かにビジネスですので，成果がしっかりと見えないといけないということはあると思います。

　下から2つ目の山翠舎さんの場合，「サステナビリティ経営について，社員の意識を変え，社内に定着させるには，手間と時間がかかる。共感をしてもらわないとできないので，小さな成功体験を積み重ねていく。それがやれると，やがて半信半疑だった人も付いてくる」と答えられています。時間がかかる取り組みであるということも一つの課題です。

　先ほども申し上げましたように，すぐに成果が出てこないので，もうこれはやめたということになると，成果が出てきません。人を育てるということですので，時間がかかります。時間がかかるということを経営者が分かっている企

[スライド23]

◆　サステナビリティ経営の取り組みのきっかけは

✓　（ISO14001に関する）会議で数値化した取り組みの結果を出していくと、経営者や金融機関の意向も社員に伝わりやすくなった。（斉藤商事株式会社）

✓　地元自治体が地域企業によるSDGs活動団体を立ち上げた。その団体にかかわっている企業経営者が親しくしている方だった。また、その方は中小企業家同友会の活動もしており、自分も参加している。そうした経緯でSDGsに取り組むようになり、これらの企業経営者は、今も一緒に活動する仲間となっている。（株式会社ニシト発條製作所）

✓　ここ数年、SDGsというキーワードが新聞等で取り上げられるようになってから、食品ロスを含めた食品管理の問題への関心がさらに強くなり、当社でもサステナビリティ経営を意識するようになった。SDGsがメディアで取り上げられ始めた頃から、顧客企業からもキーワードが出るようになり、気になって調べるようになった。（アイパック株式会社）

✓　ISO9001だけでなく、ISO14001は20年前に取得し、社員のサステナビリティに対する認識も高まり、業務に良い影響を与えている。（株式会社大福コンサルタント）

✓　自社の強みを再認識した結果、古木を活かしたサステナビリティ経営にたどり着く。「持続可能な開発目標（SDGs）」の考え方もごく自然なもので、むしろ時代が追いついてきた感覚であった。（株式会社山翠舎）

✓　地球温暖化に対するアクションをとらないといけないというところからステナビリティ経営に着眼した。SDGsを社内的にも共通言語として3年前から取組み始めた。（中外製網株式会社）

23

[スライド24]

◆　サステナビリティ経営に取り組んでいる中小企業の課題は何か

✓　電力削減、コピー用紙削減、ゴミ廃棄量削減など簡単な取組みから始まったことがきっかけなので、「簡単にできますよ」と言っている。今は、環境・社会の両立＝事業活動＝経済活動の時代になってきている。それを念頭に置き、そのためにできることから始めれば良いと思う。（斉藤商事株式会社）

✓　儲かっているからSDGsの取組みをやっているわけではないが、経営者である以上、数字で結果が語れないといけない。本当はSDGsの活動で何％利益が出たか、を示せると良いが、その方法は確立できていない。（株式会社ニシト発條製作所）

✓　SDGsへの対応を考え始めているものの、やはり大企業が中心で中小企業では難しいと感じる面もある。しかし、顧客企業とタイアップすることで、消費者の意識を変えていきたい。ギフトの商談が来た際に、SDGsの提案をしているが、SDGsへの理解がまだ不足していることが課題である。食品ロス削減など自社事業との関係が明確なテーマだけではなく、もっと深く理解することが必要と感じている。（アイパック株式会社）

✓　サステナビリティ経営について、社員の意識を変え、社内に定着させるまでには手間と時間がかかる。会社の経営理念に共感してもらわないと新たな挑戦や実行ができないので、小さな成功体験の積み重ねを重視する。結果や成果が出てくると、半信半疑だった人もついてくるようになる。　（株式会社山翠舎）

✓　官公庁の評価を受け、その評価点で受注が変わるが、今後も行政が環境、地域社会への貢献度など、公正な企業の評価を行ってほしい。（株式会社大福コンサルタント）

24

業でないと，なかなかこれはできません。

　中期計画を立てていれば，３年や５年の視野で人材育成をこうしていこうということになります。１年目はどうしてもコストが先行しますけれども，これは３年目には回収できるということになれば我慢できます。多分そういう考えができるかどうかにかかっているのだろうと思います。

　成果を数字で表すのはこれからも難しいと思いますが，われわれ研究者あるいは支援機関としては，こういうことをやっている企業が着実に成長していること，こういう企業はいい人を集めているということをお伝えしていくことはできます。そういう周知の努力をしていく必要があると思っています。

　「支援機関のどのようなサポートが役に立ったか」ということ（スライド25）ですと，大福コンサルタントさんは「サステナビリティ経営は，業界全体の問題ととらえている。商工会議所や業界団体での講習などで勉強しながら，自分たちで工夫をして取り組んできた」と回答しておられます。セミナーなどを積極的に活用されています。こういう機会を提供するということが支援機関としては重要になってくるのだろうと思います。

　スライド26は「効果やメリットはどのようなものですか」ということを聞いてみたものです。斉藤商事さんの例で言うと「人材の採用面で大きな効果が得られている」とのことです。アンケートの回答でもそうでしたが，サステナビリティ経営は人というところに効果があります。

[スライド25]

◆　支援機関のどのようなサポートが役立ったか

✓　SDGsの活動については、メガバンクが主催するセミナーの受講、同業他社との意
見交換、など可能な限り現地に出向き情報収集している。そういう付き合いの中で、
アドバイスやヒントがある。企業が参加しやすい、身近な親睦会みたいな場があれ
ば、取組みの輪が広がる。サステナビリティ経営の「輪を広げていく」ことが重要だ
と思う。（斉藤商事株式会社）

✓　地元自治体が地域企業のSDGs活動団体を立ち上げた。役所内のSDGs宣言コー
ナーに自社の取組みが掲示されることになった。自社がそういうことができるように
なったのは、仲間や地域の行政がSDGの導入をけん引してくれたから。だから、
SDGsに取り組まないといけないと思うようになった。行政（のトップ）が表彰してくれ
るのはありがたい。表彰してもらったからと言って、すぐに利益に結びつかないと思
うが、販売チャンスは広がる可能性はある。（株式会社ニシト発條製作所）

✓　サステナビリティ経営は、業界全体の問題ととらえている。商工会議所や業界団
体での講習などで勉強しながら、サステナビリティ経営には自分たちで工夫して取
り組んできた。（株式会社大福コンサルタント）

✓　県のSDGsパートナーに登録しているのは、対外的な情報発信を意識しているから。
官公庁からの事業を受託して、インフラ整備に貢献するということは、「地域環境を
よくすること」である。今後も活動を継続していきたい。（株式会社大福コンサルタン
ト）

25

[スライド26]

◆　サステナビリティ経営の効果・メリットは何か

✓　社長だけではなく、社員もSDGsを意識するようになった。一人ひとりが方針やビジョン
を理解して取り組むことで、サステナビリティ経営に取り組むことができ、企業のさらな
る成長を目指すことが可能になる。これが、本当のSDGs経営、サステナビリティ経営だ
と思う。小さい組織だからこそサステナビリティの考え方を社内に浸透させやすいことも
当社の強みだと思う。（斉藤商事株式会社）

✓　人材の採用面でも大きな効果が得られている。また、SDGsに取り組んでいるということ
が周囲から認知されてきていることを実感している。取引先のメガバンクも当社の取組
みを知ったうえで、新たな顧客を紹介してくれるという取組みの輪が広がっている。（斉
藤商事株式会社）

✓　社会保険労務士の手取り足取りの指導を受け、半年間にわたって、自社ビジネスの振
り返りから始まって、ビジョンを作るところから、事業計画を作るところまで取組みを行っ
た。その結果、自社のビジネスがいくつかのゴールと結びついていることが理解でき、
自社の強みが何かも明らかになった。そして、2021年秋からの半年間の指導（勉強会）
をフル活用して、ビジョンや事業計画を作り上げ、自社webサイトも2022年7月にはリ
ニューアルした。（株式会社ニシト発條製作所）

✓　食品ロス問題への対応やPRをすることで、本業である包装資材や機械・設備が売れる。
現在は、消費者に直接販売しない企業が中心だが、今後は、SDGs等を踏まえ、消費
者に近い事業を手がけ、新規顧客を開拓していく予定である。（アイパック株式会社）

　それから，ニシト発條製作所さんの場合，「自社の強みが何かが明らかになった」と回答されています。金融機関は，事業性評価と呼んでいるのですけれども，その会社はどこに強みがあるのかということを見極めようとしています。そうした金融機関からよく聞くのですが，企業自身も自らの強みをよく分かっていないケースがしばしばあるのです。

　金融機関の側から言うと「お宅の強みはここではないですよね」と思うようなところに企業が力を入れようとされてしまって，うまくいかないのです。「そうではなくて，こちらでしょう」ということを，金融機関が一生懸命対話をしているのです。事業の強みを理解することは実は非常に難しいことなのですが，このサステナビリティ経営を実践すると，事業者自身が自社の強みを理解することができたというご指摘だったのです。

　以上のようなアンケート調査やインタビューを踏まえて，以下，簡単に3つほどに論点をまとめました。

　スライド27をご覧下さい。一つは，サステナビリティ経営と言うと，すぐに成果が出ないので，これは難しいと思われるかもしれません。しかし，「最終的な目標に近づいていくのには，この方法が1番いい」ということなのです。目先での最適なことをやっていってもそれが必ずしもいい方向に行かないということなのです。

　2つ目は，スライド28に示したように，サステナビリティ経営というのは，企業規模や業績によらず，取り組むことができるということです。小さな会社でも，既にかなりの企業が今では取り組んでいるということをご紹介しましたし，今回のヒアリング調査でも，企業規模とは関係なくて，経営者の感度の良さ次第で，しっかりとできているということが分かりました。

［スライド27］

6．調査研究結果のまとめ

➢ サステナビリティ経営は、遠回りにも見えるが、長期的な経営力
向上への近道になる

＜大同生命サーベイ＞

● サステナビリティ経営に取り組む企業は、中長期経営計画を策定している企業が多く、SDGsの認知度との相関も高い。

● 従来の環境・社会的な配慮に加え、それらを支える、経営理念の確立や会計の見える化（月次決算など）も重視している。

＜ベストプラクティス調査＞

● サステナビリティ経営に取り組む企業は、中長期的な視点を有し、経営している。その根幹には、経営者が経営理念・企業理念にもとづき、事業活動を行い、経営の透明性を高める努力や従業員との協働を進め、環境や社会にも配慮する姿勢がある。

［スライド28］

➢ サステナビリティ経営は、企業規模や業績によらず取り
組むことができる

＜大同生命サーベイ＞

● サステナビリティ経営と企業規模や業績との相関は高いが、企業規模や業績にかかわらず、積極的に取組んでいる事業者がいる。

● サステナビリティ経営の取組みのきっかけは、自社製品・サービスの競争力の向上に加え、自社の企業理念・経営理念との一致や地域経済の発展への貢献等となっている。

＜ベストプラクティス調査＞

● 長期間にわたって取組みを継続することで、経営の安定性が高まり、業績にプラスに働く可能性は高い。また、短期的な目先の利益を追求するためにサステナビリティ経営を行っているわけではない、という考えも示されている。

● 業績が良い・悪いということがサステナビリティ経営に取り組む動機に関連しているというよりも、自社や社会全体の持続可能性を高めるために必要な取組みと考えている。

　それから３つ目（スライド29）は，先ほど，サステナビリティ経営を実践している企業では，コロナショックの時の悪影響が相対的に小さいということをお伝えしましたが，これからもいろいろなショックが起こる時に，こういうものをやっていることが，リスクマネジメント的にも重要になってくるということも確認できたわけです。

　最後に，そこから提言ということで終わりにさせていただきたいと思います。スライド30にまとめています。

　まず，経営者の皆さんには，とにかく最初の一歩を踏み出すことが大事だとお伝えしたいと思っています。人材が足りないというのは確かでしょう。しかし，実際にやってみると，何年かたてば人材は育ってきます。ですから，最初は支援機関を使ったり，外部のリソースを使ったりといった工夫をされたうえで，ぜひ一歩目を踏み出していただきたいということです。例えば，顧問の税理士の先生方など，相談する先はたくさんありますので，それをぜひ活用していただきたいと思います。

　支援者の皆さんには，経営者の取り組もうとする意思を後押ししていただきたいです。会話をして，少し関心があると思われたら，今回あったように「セミナーに参加してみたらどうですか」「一緒に行きましょう」ということを言っていただけると，すごく効果的だと思います。

　行政に対しては，補助金等も効果はあります。実際に使われた方は２割程度あります。しかしながら，それだけではなく，ソフト面，例えば表彰制度やきっかけづくり，市や県がやるようなセミナーでもいいです。ソフトとハードの両面からの推進が望まれると思います。

　以上が私どもの共同研究の成果です。ご清聴ありがとうございました。

司会：家森さま，ありがとうございました。

　続きまして「ドイツ中小企業経営からの示唆」と題しまして，学校法人東洋大学経営学部経営学科教授，山本聡さまよりご講演いただきます。山本さま，よろしくお願いいたします。

［スライド29］

> サステナビリティ経営は、環境変化に対応できる「打たれ強い経営」につながる

<大同生命サーベイ>

● コロナ禍以降にサステナビリティ経営に着手した企業は業績面での好影響がまだ十分に出ていない場合もあるが、コロナ前から長期にわたって取り組む企業には、企業規模にかかわらず好影響があり、事業環境の大きな変化に対する経営の強靱化をもたらす可能性がある。

<ベストプラクティス調査>

● サステナビリティ経営の推進に向けて、行政、支援機関、金融機関、商工会・商工会議所、業界の集まり、専門家といった外部機関も活用している。これらの外部機関を導入時に活用することもあれば、導入後、社外に取組みを情報発信する方法として行政の仕組みを活用したり、また金融機関から取引先の紹介を受けるといった形で活用している例もあった。企業の取組み状況に合わせて活用されている。

29

［スライド30］

7.　中小企業における「サステナビリティ経営」を推進するために

> 経営者：とにかく最初の一歩を踏み出すことが重要である。

- 導入するかどうかを検討することに時間をかけ、失敗するリスクを恐れるよりも、経営者が取り組む意思を持ち「まずはやってみる」ことが重要である。
- 人材不足、相談先・提携先が見つからないといった課題はあるが、これらの課題は取組みを継続することで、徐々に解消できる
- 中小企業経営者同士の付き合いや自治体・支援機関・業界団体・専門家とのつながりの中に、取り組むきっかけがあった。たとえば、身近な存在である顧問税理士や会計士であれば、相談することも容易である。こうした身近な専門家を活用することも有効と考えられる。

> 支援者：経営者の取り組もうとする意思を後押しするような施策が有効である。

- 外部支援メニューの積極的な利用を促すべきである。
- 中小企業経営者に対して、サステナビリティ経営に対する情報提供に加えて、積極的な働きかけを行うことが重要である。

> 行政：補助金制度による誘導や法整備等による導入推進といったハードな方法と、表彰制度やきっかけ作りなどのソフトな環境整備の両面からの推進が望まれる。

30

2　ドイツ中小企業経営からの示唆（山本　聡）

山本：ただ今，ご紹介にあずかりました東洋大学経営学部教授の山本と申します。本日は，このような報告の機会を頂きまして，どうもありがとうございます。また，この1年間にわたり，共同研究の機会を頂きまして本当にありがとうございます。御礼申し上げます。

　私のほうで，30分ほど，所感も踏まえたうえで，今回の共同研究の成果を報告させていただきたいと思います。30分という短い時間ですが，皆さま，何とぞよろしくお願い申し上げます。

　それでは，繰り返しになりますが「ドイツ中小企業経営からの示唆」ということで，お話させていただきます（スライド1）。最初に自己紹介を簡単にさせていただきます（スライド2）。初めましての方が多いのではないかと思います。東洋大学経営学部で教授を務めています。東洋大学の産官学連携推進センターの副センター長も務めていまして（2023年3月現在），今回の大同生命との共同研究も，学内で評価していただきまして，大変ありがたく思っています。

　東洋大学の経営学研究科では，ビジネス会計ファイナンス専攻の専攻長，中小企業診断士登録養成コース長で，中小企業診断士の資格を取りたいと思っている方の指導をさせていただいています（2023年3月現在）。大学のほうでも中小企業支援をしたいという方に指導していることを，この場を借りて報告します。

　私の専攻は中小企業経営論やアントレプレナーシップ論と言われるものです。いろいろな研究をさせていただいているのですが，日本の中小企業の経営者にご指導いただいて，お話を聞かせていただいて，日本の中小企業がどのような経営をなされているのか，どのような経営課題があるのかといったことを論文にしたり，書籍にしたり，レポートにしたりしています。

　日本の中小企業との比較ということで，海外，アジアやヨーロッパの企業経営者にお話を伺って，日本の中小企業の経営と，海外の中小企業の経営は，何

［スライド 1］

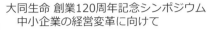

大同生命 創業120周年記念シンポジウム
　中小企業の経営変革に向けて

ドイツ中小企業 経営からの示唆

山本 聡, 博士（経済学）
東洋大学 経営学部 教授
ビジネス会計ファイナンス専攻長
産官学連携推進センター 副センター長

［スライド 2］

0. 自己紹介

東洋大学 経営学部 教授
東洋大学 産官学連携推進センター 副センター長
経営学研究科 ビジネス会計ファイナンス専攻 専攻長
　　　　中小企業診断士登録養成コース長

専攻：中小企業経営論
アントレプレナーシップ論

がどのように違うのかを明らかにもしています。

　また，投影資料にはアントレプレナーシップ論と書かせていただいていますが，アメリカやヨーロッパ発の理論を用いながら，分析をしています。私のもう一つの仕事は社会貢献になりますが，例えば東京都や埼玉県，北区，品川区，大田区といった自治体の中小企業政策に関わっています（スライド３）。中小企業政策というのは，今回のシンポジウムのテーマにもありますように，中小企業支援をどのようにやっていくのかといったところにも結び付きます。僭越ながら，私の研究で得た知見を中小企業政策にフィードバックするといったこともしています。

　今回の研究の背景ですが，10年ほど前に，行政担当者や中小企業経営者の方々と意見交換をした際，「ドイツの中小企業はすごい」「ドイツの企業と取引をしたい」「ドイツの産業はどのようになっているのだろうか」といったことをつぶさに言われることがありました。その後，IoTやインダストリー4.0という言葉が喧伝されたり，Hidden Champion／隠れたチャンピオンに関する過去の研究を学ぶ機会があったりして日本の中小企業の経営課題を深く考えるために，日本と異なるものづくり文化があり，日本の製造業の源流でもあるヨーロッパ，特にドイツの産業や中小企業に着目する必要があるのではないかという想いを持ちました。そして，７〜８年ぐらい前に，単身，ドイツとオーストリアの現地中小企業の調査をしました。

　その成果を各所で報告する中で，行政担当者に興味を持っていただき，経済産業省 中小企業庁ドイツ中小企業勉強会の座長をやらせていただいたこともあります。そして，今年度の大同生命との共同研究につながりました。そのため，私個人としては本共同研究ができたことを大変にうれしく思っています。こういった形でご報告させていただくということに関してもすごく喜びを持っています。

　今回の報告書は既に大同生命のウェブサイトにアップロードしていますので，私の報告は，事細かにというよりは，なるべくエッセンスをお話させていただきたいと思います。その中で，過去に私が感じたことも少しお話させていただくというかたちで，皆さまに発信させていただきたいと思っています。

　もう一回言いますと，日本の中小企業経営者や行政担当者の方々はドイツの

［スライド3］

0. 自己紹介

東京都庁 東京の中小企業振興を考える有識者会議 委員
東京都庁産業労働局 中小企業における外国人材活用に関する検討委員会 座長
埼玉県 北部地域産業振興機能検討委員会
北区 製造業に関する委員会 委員長
品川区 産業振興研究会委員
大田区産業に関する将来像等検討委員会 第1専門部会 部会長
大田区 空港臨海部グランドビジョン専門部会 委員
経済産業省 中小企業庁 ドイツ中小企業勉強会 座長
現在経済産業省 関東経済産業局 平成30年度地域中核企業創出・支援事業
外部審査委員

［スライド4］

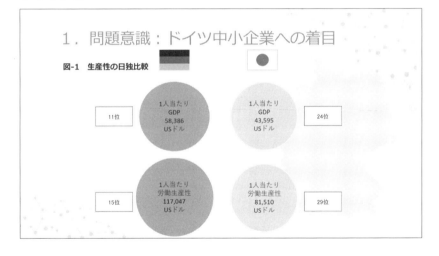

企業や産業に関してぼやっとしたイメージがあるものの，物理的な距離が遠く，実際の姿がよくわからないというのが正直なところだと思います。こうした中で，インダストリー 4.0やIoT，Hidden Championという言葉が独り歩きをしているように感じます。

　日本では，ドイツ中小企業に関するきちんとした報告書はあまり見当たりません。なので，今回の大同生命の報告書は，エポックメーキング的なものと言ってもよいかもしれません。

　最近，ドイツは経済規模の点でも着目を浴びています。今までずっと日本が世界のGDPランキングが２位か３位で，ドイツが３位か４位だったものが，昨今の円安もあって，あるいはドイツの経済成長もあって，日本を追い越そうとしています。追い越すという言い方はよろしくないかもしれませんが，順位が逆転しようとしているという時に，「ドイツ経済の軸となっているドイツ製造業は強い」というのが一般的なイメージだと思います。

　実際に，マクロデータで見ますと，ドイツの一人当たりGDPは６万ドルに近くなっています。もちろんユーロ，ドルの為替変動によって多少変わってきますけれども，ドイツは６万ドルで，日本が４万4,000ドルです。物価もヨーロッパは非常に高くなっています（スライド４）。

　さらに，よく言われるように，労働生産性です。これも数値の取り方や解釈の仕方でいろいろな議論はありますけれども，日本の労働生産性が，欧米圏に比べるとやや低いという結果が出てしまっています。

　ドイツは製造業がとても強い，日本も製造業が強いとなると，その製造業のあり方，あるいは製造業の中での中小企業のあり方といったものに，何かしら違いがあるのではないかと考えるのが自然です。ここで強調したいのは，日本の中小企業や日本の製造業が劣っていると言いたいのではないということです。しかし，ドイツを見る中で，あるいはドイツと対比していく中で，われわれが気付いていない日本の企業の強みや弱みとは何か，今後の方向性が見えてくるのではないかといった問いに対する解答を，明らかにしたいということです。

　今回，大同生命さまと私で共同研究をさせていただいたのですが，一つは文献調査として，マクロデータをきちんと見ていきます（スライド５）。

　その次に，ヒアリング調査です。中小企業経営者に実際にお話を聞かないと

なかなかよく分からないことがあります。その点に関しても，しっかりとやらせていただきました。

　ドイツの中小企業に関する有識者の方には「ドイツはこうなっている」「オーバービューとして，このようになっている」というお話を頂き，フラウンホッファ研究所など，ドイツの専門機関の方にもお話も聞かせていただきました。

　さらに，時間的に若干タイトでしたので，たくさんというわけではないのですが，ドイツの中小企業経営者の方々にもお話を聞かせていただきました。

　通例の研究だと，ドイツだけでなく，海外の中小企業の研究は現地の経営者のお話を聞くだけで終わってしまいます。私は以前，一人で 2 週間ぐらい，ドイツ各地の中小企業を訪問し，経営者にインタビューをしたことがあります。その際，ドイツの中小企業経営に関して，例えば，顧客企業との関係など，私が「知りたい」と思ったことをうまく聞き出せないという経験をしました。なぜなら，私の知りたいと思ったことの多くは，ドイツの中小企業経営者にとって，日々の経営あるいは日常に属する普通のことだったからです。ドイツの中小企業経営者は当然だと思っているが，日本人から見ると特別な企業経営や顧客対応，商習慣を，英語によるインタビューにより，炙り出すのは困難でした。

［スライド 5］

1．問題意識：ドイツ中小企業への着目

✓ 文献調査

✓ ヒアリング調査 － ドイツ中小企業の有識者
　　　　　　　　　　　ドイツ専門機関
　　　　　　　　　　　ドイツ中小企業経営者
　　　　　　　　　　　ドイツ企業と取引のある
　　　　　　　　　　　日本の中小企業経営者

　そのため，ドイツと日本の中小企業経営の違いをどうやって炙り出せばよい
かを試行錯誤した結果，一つの方法を考えました。数は多くないのですが，日
本の中小企業で，ドイツ企業と取引をしている企業が存在します。そうした企
業の経営者は，ドイツ企業と日本企業の商習慣の違い，企業経営に関する考え
方の違い，技術に関する捉え方の違いを，身に染みてご存じだと考えました。

　なので，4つ目として，今回の共同研究では，ドイツ企業と取引のある日本
の中小企業経営者にフォーカスしています。そうすることによって，ドイツと
日本の企業経営の違いがあぶり出されてくるということです。

　実際の共同研究の成果ですが，マクロデータを見ますと，ドイツの企業経営
が極めて強靭です。よく言われるのは，ドイツはEU諸国の中で，統一通貨で
あるユーロの恩恵を受けているという話です。そういったマクロな話と，もう
一つ，ミクロな話があります。これはドイツの経営の在り方という話になりま
す。マクロとミクロの両方が作用し合っていると思います。

　実際にデータを見ると，スペインやフランス，イタリアに比べても，製造業
の一人当たり売り上げは，やはりドイツが高くなります（スライド6）。製造
業の一人当たりの付加価値額も，欧州の中では人口規模の大きいスペイン
（4,000万人），フランス（6,000万人），イタリア（6,000万人）といった国々と
比較しても，高いです。オーストリアやスイスなどの人口小国との比較ではな
く，欧州5大国といわれるような人口規模の大きい国々と比べると，ドイツ企
業の経営パフォーマンスは非常に高いと言えます。

　また，重要なのは，10名未満の小規模企業に活力があるということです。自
営業やファミリー企業，スタートアップ企業が混在していると思いますが，お
しなべて，比較的小さな企業の経営パフォーマンスが高いということが言えま
す。さらにもう一つ，国際化です。ドイツと日本を比較しますと，大きな違い
は，ドイツの中小企業はかなり輸出をしているということです。つまり，ドイ
ツの中小企業はより国際化しているということです。

　製造業で見ますと，1社当たりの輸出額はドイツの場合は約7億5,100万円，
日本の場合は約2億6,900万円です（スライド7）。ざっくりとしたデータなの
ですが，やはりドイツの中小企業というのは日本の中小企業に比べて，より国
際化していると言えます。

［スライド 6］

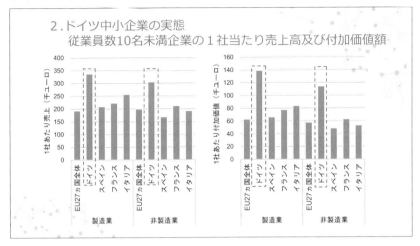

［スライド 7］

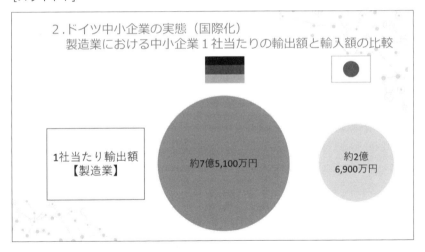

　これに関して，「いやいや，それはEUの中で輸出しているのではないか？」というご意見があると思います。もちろん，そういった状況もあります。ただし，実際に現地に行くと，ドイツ中小企業は様々な国々に輸出していることがわかります。そこにはステップアップという側面もあって，ドイツの中小企業は，最初は，例えばオーストリアやフランス，スウェーデンといったEU諸国に輸出します。そこで輸出のイロハを学ぶと，次はアメリカへの輸出です。最後にアジアへの輸出に至るといった段階を踏む事例が見受けられます。これがドイツ中小企業の輸出と成長の事例の一つになります。

　では，そういったドイツの中小企業が，どのような経営を志向しているかというと，一つ興味深い話があります。ドイツの中小企業経営者は，製品・サービスに強いこだわりを持っている方々が多いです。日本でも「中小企業は独自の技術を持っている」とおっしゃる方がたくさんいらっしゃいます。実際，私も日本の中小企業の多くは，素晴らしい技術を持たれていると考えます。

　しかし，ドイツ中小企業の場合，模倣できない製品・サービスと大企業との価格交渉がセットで出てくるのです（スライド8）。一方，日本の場合はその二つの言葉はあまりセットになりません。私のこれまでの研究におけるインタビュイーの語りからは，「日本の中小企業の特徴はQCD（Q：品質，C：コスト，D：納期）のうち，CとDにより特化してしまう」ということがわかっています。つまり，よい製品を「安く早く作ろうとする」傾向があります。

　日本の中小企業の経営姿勢は悪いことではありません。しかし，ドイツの中小企業経営者の場合，「よい物を作って，それを高く売りましょう」，「付加価値を付けますが，納期の無理はしません」ということをおっしゃる方が多いです。ここに，日本とドイツの企業文化の違いがあると言えます。ひと言で言うならば，ドイツ中小企業の売り手の力や交渉力がすごく強いのです。日本の中小企業は高度な技術を持っていて，素晴らしい製品や部品を作ります。しかし，売り手としての力が弱いため，自社の製品や部品を安く，早く作ることに注力してしまいがちです。そして実際に，安く早く作ってしまいます。

　以前，ドイツ研究者と共同研究をした時の話をします。そのドイツ人研究者は「なぜ，日本の中小サプライヤー企業がこんなに納期が早いのか？」「日本企業の謎だ」と言っていました。そのドイツ人研究者と一緒に日本の中小企業

を調査したところ，何のことはない，「シフト変更をしつつ，夜中や休日まで仕事をしていたからだった」という笑い話があります。

　それは「顧客のことを考えた，素晴らしいものづくりの精神である」と言えるとも思います。しかし，一歩，視点を変えると，売り手の力の弱さから，短納期や低価格を余儀なくされているとも言えます。中小企業が顧客と価格交渉や納期交渉をしないし，できないということになってしまいます。この点はドイツと日本の中小企業経営の違いに関する非常に大きなインプリケーションだと思います。

　また，日本の中小企業は，自分で販売するのは苦手なことが多く，商社に頼りがちです。しかし，ドイツの場合，サプライヤーが主導するかたちで，顧客との価格交渉や納期交渉をする事例をよく目にします。ドイツの優れた中小企業には，プロジェクトマネジャーがいて，当該人物が大企業と価格や納期の交渉を行うのです。一方，日本の中小企業で，そうした事例を見たことはほとんどありません。

　ドイツ中小企業の売り手の力の強さがより多くの付加価値につながり，それ

[スライド 8]

が当該企業だけでなく，ドイツ製造業全体のブランドにもつながっていくことになります。個人的には，こうし中小企業の経営姿勢の違いは，日本のものづくり文化とドイツのものづくり文化の大きな違いになっていると考えます。日本の中小企業には，どうしてもQCDのうち，CとDに焦点を当て，安く，早く作りましょうと考える傾向があります。繰り返しですが，ここでは，そうした日本の中小企業の経営姿勢を否定する意図はありません。日本の中小企業のそうした経営姿勢にも素晴らしい部分は多々あります。しかし，ドイツ中小企業と日本の中小企業の違いという観点から見ると，ドイツ中小企業はQをより注視しているということになります。そして，Qの高さと自社の売り手の力の強さが相まって，その延長線上にある価格の交渉力や納期の交渉力の強さが生じます。そうした力を下敷きにして，イノベーションが生じる。その結果，売り手の力，価格の交渉力，納期の交渉力が維持，向上することになります。

　そのため，ドイツ中小企業はイノベーションを実現して，「より高付加価値な製品や部品を創っていきましょう」という思考になりやすいということです。ざっくりとしたデータなのですけれども，イノベーションの実施という点に関して，ドイツ中小企業のほうが日本の中小企業よりも少し上になっていることが示されています（スライド9）。

　中小企業経営者のマインドや経営姿勢に関しては，高い技術を有する日本の中小企業も，ドイツ中小企業を参考にする点があると思います。ドイツ中小企業と日本の中小企業ではイノベーション・革新性の程度に関しても，前者＞後者と差が生じています。もちろん，日本の中小企業の多くも技術開発，研究開発に注力し，様々なイノベーションを起こしています。しかし，ドイツ中小企業と比較すると，日本の中小企業の技術開発や研究開発は特定の親企業あるいは取引先向けのものという色彩が強くなります（スライド10）。

　この背景には，日本の製造業の伝統的な特徴が存在すると考えます。下請系列関係という言葉があるように，日本の製造業では，中小企業は限られた顧客との取引が多くなりがちです。そのため，どうしても，特定の顧客の要望に対応しようとする傾向が強くなります。その結果として，垂直的連携によりイノベーションを起こそうとしやすくなる。すなわち，親企業や特定の顧客・取引先の要望に対応しながら，「一緒に何かを作っていきましょう」，「その中で，

［スライド 9 ］

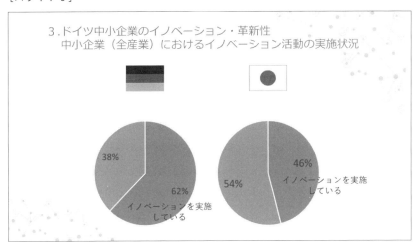

［スライド10］

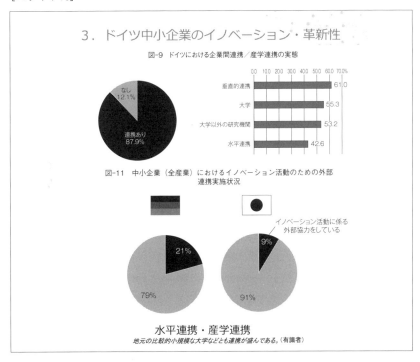

イノベーションを起こしていきましょう」という発想になりやすいのです。

　ただし，親企業や特定の顧客との垂直連携によるイノベーションは，QCD
の中でも，CとDに結び付きやすくなるのです。特定の個客との長期的な継続
取引の中で，サプライヤーである中小企業が顧客から日常的により求めるのは
価格低減と納期縮小だからです。一方，ドイツ中小企業と顧客の関係は日本の
下系列請関係とは少なからず異なっています。そのため，ドイツ中小企業は水
平連携，つまり，業界他社との連携，あるいは産学連携をより強く志向するよ
うになります。「大学と連携して，自分たちならではの何かを創っていこう」
という意識の下，イノベーションを起こそうとする傾向が強くなっていきます。

　ドイツ中小企業の調査をした際，町はずれの従業員数人の小さな企業にフラ
ウンホッファ研究所の方が訪れているのを見て，驚いたことがあります。ドイ
ツ中小企業と研究所が，水平連携を重要視するようなマインドを下敷きに，横
でつながっているということだと思います。

　以前，日本ではドイツ発のインダストリー4.0という言葉が話題になりまし
た。インダストリー4.0は「連携」や「つながり」という言葉で彩られていま
したが，そこにはドイツの水平連携，産学連携の文化が介在しているのではな
いかと考えています。日本との対比で言うのならば，顧客を見ることはとても
重要だけれども，同時に他企業や大学との横の連携もうまくやっていきましょ
うということが言えると思います。

　そして，もう一つですが，ドイツ企業と取引をしている日本の中小企業の経
営者の方々に「日本企業と比べた，ドイツの企業の特徴は何ですか？」と聞く
と，よく出てくる回答が「ドイツ企業はロジカルだよ」「すごく論理的に物事
を考えている」というものです（スライド11，スライド12）。

　例えば，ある日本の中小企業経営者は，「ドイツ企業は，自社の『こういう
ことができます』，『こういうものを作りたい』という提案を，工学的な裏付け
がきちんとあるかないかで，受け入れるかどうかを決める」と語っています。
ドイツ企業は工学や理学の理論をより重視しているということです。また，
「ドイツ企業では，日本企業と比べて，設計者の権限がより強い」という指摘
もあります。日本企業では，設計部門よりも生産現場の発言力より強く，そこ
に熟練の技術や職人の勘といったものが介在することも少なくありません。そ

［スライド11］

４．ドイツ中小企業の経営力・経営姿勢

ドイツ中小企業との取引から見たドイツ中小企業の特徴
理論と設計の重視

・ドイツの中小企業や研究機関は、技術面で非常に細かい内容まで研究をしていて、理論をもとに仮説検証
し、論理的なプロセスでものごとを遂行している。このことは技術面だけでなく、生産面にも共通している

(日本中小企業経営者)

・ドイツ企業は、設計者が加工工程から品質管理まで理解した上で、設計をするマインドを持っている。設計
者の社内のポジションも日本とは異なる。設計者がものをつくる責任を持っており、判断をできることが強い。

(日本中小企業経営者)

［スライド12］

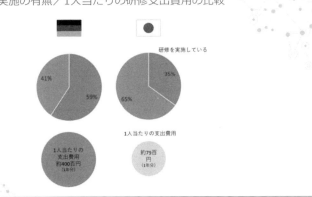

5．人材の獲得、育成
　研修実施の有無／1人当たりの研修支出費用の比較

うした日本企業に対し，ものづくりに関して，理詰めで，工学や理学の理論を
より重視しているのがドイツ企業の経営の特徴と言えると思います。

　以上を突き詰めていくと，日本とドイツの自動車産業の違いといった産業全
体の話にもつながっていきます。さらに，人を大切にする文化です（スライド
13，14）。これは日本の中小企業が人を大切にしていないというわけではあり
ません。日本の中小企業もドイツの中小企業も人を大切にしているのですが，
その手法や方向性が少々違うということです。

　ドイツ中小企業の場合，従業員がボトムアップに意見を提示するという印象
が強いです。これを経営学の言葉で言うと，「自律性の強さ」と表現できます。
また，ドイツや近隣のオーストリア，スイスには，デュアルシステムやアパレ
ンタスシップ（Apprenticeship），といった言葉で表現される国家規模の人材
育成制度が存在します。日本では「マイスター制」という呼び名で知られてい
ます。こうした制度を背景にして，ドイツ中小企業は外部の研修を使った人材
育成に力を入れています。

　一方，日本の中小企業は自社内部の独自の人材育成に注力しがちです。そこ
では，企業独自の人材育成の手法や言葉が用いられています。そうやって育て
られた人材は自社独自の仕事をする際には高い能力を発揮する一方，汎用性に
欠けるため，社外の企業や大学，組織との仕事が不得手になりがちです。

　ドイツの場合，企業横断的なマイスター制やアパレンタスシップが人材育成
の軸になっています。そこではより汎用的な手法や言葉による教育がなされて
います。例えば，先述した工学理論を下敷きにしたより汎用的な社外研修に力
が入れられています。こうした汎用的な人材育成を背景として，ドイツ中小企
業は水平連携や産学連携を盛んに実施していると考えられます。人材育成を企
業横断的な一般性をもってやるか，あるいは企業特殊的にやるかというのも，
日本とドイツのものづくりの文化の違いになっていると思います。

　事例企業の紹介です。この写真はドイツのテュービンゲン（Tübingen）近
郊にあるEUTECTという産業機械を開発，製造，販売している企業です（ス
ライド14）。25年間ぐらいで，従業員数二十数人の企業ですが，ドイツを始め
とする様々な国々の大企業を顧客にしています。

　EUTECTには「イノベーティブなことをしたい」，「ドイツの小規模なファ

[スライド13]

> 5．人材の獲得、育成
> 　　ヒトを大切にする文化自律性と人材育成投資
>
>
> *経営者は従業員から何らかの提案を受けたら、変革をすべきであり、従業員の助言に抵抗してはならないと考えている*
>
> （ドイツ中小企業）
>
>
> *特に若い世代は、ワーク・ライフ・バランスを重視する者が多く、この点にも配慮が必要。当社でも従業員の採用と研修には力を入れている*
>
> （ドイツ中小企業）

[スライド14]

ドイツ中小企業：EUTECT

CEO
Matthias Fehrenbach氏

自動レーザーはんだ付けシステム

ミリー企業では，大企業ではできないようなイノベーティブなことができる」
という理由から，ドイツの有名な自動車企業の技術者が転職してくることもあ
ります。そこにはまさにドイツの小規模企業の活力が存在していると考えます。
ドイツの小規模企業は活力があり，イノベーティブな姿勢が示しているからこ
そ，高度な人材が還流しています。

　事例企業の二社目は，InstruNEXTというスタートアップ企業です（スライ
ド15）。ドイツの大学発スタートアップになります。設計やシステム開発を事
業とするInstruNEXTと埼玉県のワイエス工業所が共同研究を実施し，外観自
動検査装置を開発しました。このドイツのスタートアップ企業と日本の中小製
造企業の国際連携のハブになったのが，さいたま市産業創造財団になります。
そのため，国際産官学連携の極めて優れた事例と言えます。

　当初，ワイエス工作所は日本の企業との共同研究から，新たな外観自動検査
装置を開発しようとしたのですが，なかなかうまくいきませんでした。そのよ
うなときに，ドイツ企業のInstruNEXTの経営者とであり，求めているものを
得られたということです。

　この事例からはいろいろな示唆を得ることができるのですが，一つは，
InstruNEXTに，汎用性のある理論的なものづくりを指向している設計者がい
たので，ワイエス工作所との共同開発がうまくいった，ということです。

　ドイツと比較して，日本の製造業では工学理論と現場のものづくり，設計と
現場の製造が分断されがちであるというのが特徴の一つになっています。もち
ろん，日本の製造現場には独自の創意工夫や改善など，よいところもたくさん
あります。企業ごとの違いもあります。しかし，製造業全体として，自国の得
意なことと苦手なことを俯瞰的に見ていくということが重要かと思います。長
野県諏訪市の小松精機工作所は長らくドイツの著名な自動車部品企業と取引を
されています（スライド16）。そして，同社で，ドイツの自動車部品企業と相
対しているのが，次のパネルディスカッションにご参加される小松隆史専務に
なります。

　小松専務とは日本の中小企業とドイツ企業の取引に関する共同研究を何度か
させていただいたことがあります。その共同研究は小松専務の実際のドイツ企
業との取引に関する経験と学習が土台になっていて，ドイツ企業と日本企業は

［スライド15］

［スライド16］

何が違うのかを導き出しています。小松専務からはいろいろ教えていただきましたが，そこには，モノづくりに関する工学や理論の有無や多寡があります。小松専務ご自身も小松精機工作所のお仕事をする中で，工学の博士号を取得されています。

　本日の講演で幾つかお話したことをまとめると（スライド17），ドイツ小規模企業，スタートアップ企業や小規模なファミリー企業は他の欧州諸国の小規模企業に比べて活力があります。ドイツ中小企業はEU圏内の輸出という側面はありますが，海外の顧客との取引，つまり国際化を積極的に行っています。イノベーションも重視していて，そこには顧客との関係が介在しています。QCDのうち，日本の中小企業はC，Dを重視しがちですが，ドイツ中小企業はQを重視しています。そのうえで，価格や納期の交渉力といった売り手の力を強さの延長線上に付加価値を生み出しています。産学連携や企業間連携といった水平連携にも熱心です。これらは繰り返しですけれども，日本の中小企業に対する重要なインプリケーションの一つだと思っています。

　また，人材育成に対する投資にも熱心です。日本の中小企業が起業特殊的な人材育成をするのに対して，ドイツ中小企業はより汎用性のある人材育成，企業横断的な人材育成を行っています。組織マネジメントに関しては，税理士，会計事務所と連携し，積極的に活用するといったことをやっています。この点に関しては報告書を読んでいただければと思います。最後に，日本の中小企業経営に対する示唆ということです。

　海外の企業の成功事例を見ると，日本では知られていないウルトラCの経営方法があるのではないか，何か特別なことをやっているのではないかと考えてしまいます。しかし，企業経営にはウルトラCはありません。王道を歩いていくのが一番の近道です。その国の文化や経営環境を踏まえていかにカスタマイズしていくかだと思います。

　ドイツ中小企業は，極めて基本に忠実な経営をしていると思います。これは，先ほどの家森先生のサステナブル経営とも通ずることだと思うのですが，報告書にあるように「足りないものは補う」「行政支援も活用して」品質を重視して，価格交渉力など売り手の力を強くしていく。海外の顧客と取引し，国際化する。産学連携や企業間連携などの水平連携から新たな価値を生み出す。その

［スライド17］

7. 結論

✓ドイツの中小企業は比較的*小規模な事業者*も含めて「*活力*」があり、比較的高い利益率を維持している

✓自社の製品やサービスに対してこだわりを持ち、安易な安売りをしない中小企業が多い。*海外の顧客にも積極的にアプローチ*している。

✓*イノベーション*を重視する中小企業が多い。積極的に協働しており、*産学連携・企業間連携*も盛んである。

✓*人材に必要な投資*をしている他、従業員のモチベーションを高める工夫をしている。

✓*組織マネジメント*を行おうとする姿勢がある。税理士／会計事務所を積極的に活用し、決算書の監査や助言を通じて決算書の信頼度を高め、経営を高度化することで、自社の信用を高めている。

［スライド18］

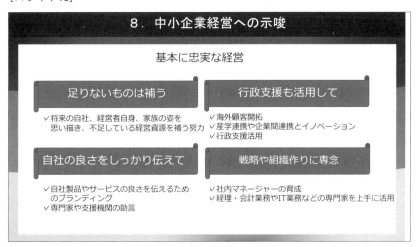

際に，自分たちの良さのブランディングもきちんとやっていく。そして，先ほど言ったように，例えばプロジェクトマネジャーのような社内のマネジャーを軸にして，組織運営もしっかりやっていくということです。

　自社の強みを生かしながら，顧客との関係をより良いものにしていくという発想です。その延長線上にこの4つが出てくると思っています（スライド18）。これが基本に忠実な経営なのではないかと思います。これが大同生命との共同研究のインプリケーションになります。

　これで私の報告を終わらせていただきます。どうもありがとうございました。

司会：山本さま，ありがとうございました。

第7章

大同生命創業120周年記念事業 シンポジウム： パネルディスカッション発言録

司会：ここからは，パネルディスカッションを行います。まず始めに，パネリストのご紹介をいたします。

　斉藤商事株式会社代表取締役，尾島敏也さま。株式会社小松精機工作所専務取締役，小松隆史さま。国立大学法人神戸大学経済経営研究所所長・教授，家森信善さま。学校法人東洋大学経営学部経営学科教授，山本聡さま。公益財団法人全国中小企業振興機関協会専務理事，大槻宏実さま。大同生命保険株式会社企画部サステナビリティ経営推進室長，中山鉄平。そして，本パネルディスカッションの司会は，三菱UFJリサーチ＆コンサルティング株式会社持続可能社会部上席主任研究員，肥塚直人さまに務めていただきます。

　それでは肥塚さま，よろしくお願いいたします。

肥塚：ご紹介いただきました肥塚と申します。司会を担当させていただきます。パネリストの皆さま，よろしくお願いいたします。

　これまで，両先生から「サステナビリティ経営の実践」，それから「ドイツ中小企業からの学び」ということで，基調講演をいただきました。大変分かりやすい基調講演だったと思います。この後のパネルディスカッションは，先ほどご紹介いただいたパネリストの皆さまと，先ほどの基調講演でお話いただいた2つのテーマを深掘りしていきたいと思います。

　ぜひ，オーディエンスの皆さまにも内容をより深く理解していただいて，こ

のパネルディスカッションが終わった後に，両先生もおっしゃっていましたけれども「やってみようかな」ですとか，「これをもう少しみんなで盛り上げていこうよ」と思えるようなディスカッションができたら大変ありがたいと思っています。ご協力のほど，よろしくお願いいたします。

　では最初に，先ほど基調講演いただいた以外の方もいらっしゃるので，簡単にショートプレゼンテーションを，自己紹介を兼ねてお願いしたいと思います。最初に，尾島さまからお願いしたいと思います。

尾島： ただ今，紹介にあずかりました斉藤商事の尾島と申します。弊社は創業58年，設立46年の繊維の製品製造卸しをしています（スライド２）。工場内で使いますユニフォームであったり，スポーツウエア，それとプロモーショングッズなどを小ロットから大きなロットまで，多岐にわたり提案，企画，デザインから生産，在庫，物流と，一貫してやっています。

　お客さまは，大手から本当に小さい優良企業の皆さままで，多岐にわたっていまして，お客さまに満足から感動，感動から感謝される企業でありたいということを理念に挙げ，環境，社会，経済の持続性の向上を常に目指して社員とやっています。

　弊社は13人の小さい会社なのです。お客さまが大手ということで，本田技研さんなり，ブリヂストンさんから信頼関係を構築していくのに，何かないのかと考えて，ちょうど20年前にISO 14001ということを社員と一緒にやっていきながら，少しずつ環境に対して目を向けていこうとしてきました。

　その環境をやっていく中で，SDGsというのを３年前からやるようになりまして，どのような会社でも，小さい会社でも環境保全に貢献できるというのを社員と一緒にやってきました（スライド３）。

　それだけではなく，SDGs，ISO 14001をやっていることによって，社員教育によって，会社の社会的地位や地域に対しての貢献もどんどん上がっていくと思っています。

　実際，ISO等の取組み，環境に対しての取組みというのは，もう20年以上継続しています。本当に埼玉の小さい会社でやっていますが，まずサステナビリティの経営に求められるのは，やはりきちんと会社が長期で利益を出していく

［スライド1］

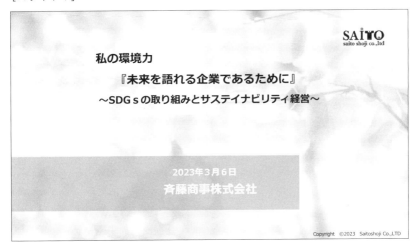

［スライド2］

ことだと思います。しっかり儲けて，それを地域社会に還元していかなければいけないということだと思うのです。

　そのために，長期にわたって，お客さま，市場から，斉藤商事というのがきちんと求め続けられるということが，やはり大事だということと，仕入れ先さん，供給先をきちんと長期的に維持していかなくてはいけません。いつも仕入れ先がころころ変わるのではなく，本当に二十数年ずっと協力工場さんとも，今のメンバーでやっていくということが必要です。

　それと，地域や社会から信頼され続けていかないと，なかなかSDGsもそうですし，環境というのは，会社経営は成り立たないと思います。

　スライド４をご覧ください。弊社がやっているSDGsの活動内容ですが，いろいろと海外で生産していく中で，サンプル品やロス品は，お客さまの許可をもらって，毎年１～２回，社内でバーゲンをして，日本盲導犬協会に寄付しています。先日も，盲導犬のユニットの出発式というのに参加したのですけれども，もっと，このようなボランティアなどの活動に取り組んでいきたいと思います。

　これは，社員全員で富士ハーネスという盲導犬の施設に行って，全員で研修を受けて，その大切さというのを，もっとみんなが社員の家族に受け継いでいくようにしていきたいと続けています。

　それから，やはり地域社会で，これはどこの会社でもすぐできることなのですけれども，毎月など，きちんと決めて，清掃活動を社員全員で必ずやります。そうすると，会社の周りもきれいになりますし，駅までもどんどんきれいになっていくということです。

［スライド3］

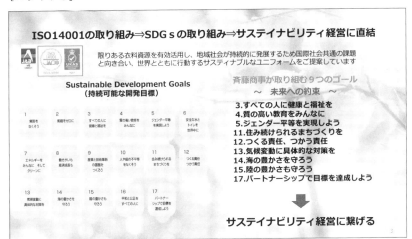

［スライド4］

　次に，スライド5です。先ほど，山本先生からもありましたけれども，社員にも教育をしていくということで，ドイツに研修に行っているのです。私だけではなく，社員に，若手社員も含めて，どんどんドイツなどに研修に行ってもらっています。ネットでも，いくらでも見られるのですけれども，実際に現場に行って，現実のものを触って，匂いやビールの味などを感じてもらって，感性を磨いてもらっています。

　先ほどのお話のようにSDGsの中で，昨今，人権ということで，SDGs，ジェンダー，ユニフォームですから，どうしても男性物，女性物というのがあるのですけれども，それをLGBT，ジェンダー対応の物を，写真にも載っていますけれども，最大手のドラッグストア，ウエルシア薬局さんが，やはりジェンダーレスの対応，それとユニフォームを通じて社会貢献するということで，このユニフォームを回収して，サーマルリサイクルでそれをPETにして，それからプライベートブランドのトイレットペーパーに変えていくということをずっと続けています。

　もちろん，このユニフォームはカーボンオフセット付きユニフォームです。皆さんご存じのとおり，弊社のカーボンオフセットは福島県の森林復興のために，環境省のJ－クレジットを選択していまして，このカーボンオフセットをすることによって，社員の皆さんにも環境というのを意識付けてもらっています（スライド6）。

　それから，最近よく問題になっている海のプラスチックごみなどのこともありますので，今，なるべく弊社の資材もバイオマス度80％の素材を使うなどして，少しでも環境に優しい資材を取り入れていくようにしています（スライド7）。

　このように環境を守っていこうということを，みんなが一つひとつやって，つなげて，地味にやっていきながら，お客さんに安心して仕事をしてもらう環境を守りたい。あと，働く現場を本当に明るくしたい。それと，採用面で，会社の未来をこうしていきたいということを思いにする形にしています（スライド8）。

　何か一つでも，できることを地道にやっていくことがサステナブルな社会を実現していくのだと思います（スライド9）。

［スライド5］

［スライド6］

肥塚：ありがとうございます。非常に分かりやすいプレゼンテーションをいただき，ありがとうございました。

　非常に多岐にわたる取り組みをされている印象を持ちました。貴社では昔から普通にやられてきたことも，含まれていたのではないかと思います。先ほど，家森先生のご講演の中にも，採用面でのプラスの効果のような話の示唆がありましたけれども，こういったことをやるようになって，もしくは見える化をするようになってから，従業員の方の反応や，働いている皆さまのモチベーションなど，そういったところに何か変化を感じていらっしゃいますか。

尾島：まさしく今日の朝，9時からですけれども，みんな8時半に出勤して，ISO会議といいますか，エコ会議をして，実際に今月はどうなるという数値化をしています。当たり前のことなのです。ごみであったり「営業車の燃費が誰々君はリッター何キロですよ」などというように全部数値化して，簡単なことなのですけれども，それをずっと毎月続けていくと，それが蓄積されていって，一人ひとり，環境に対しての意識が変わってくるということです。

　そういうことをやっていると，採用面でも，今の学生さんや若い人は，やはり環境などに対してすごく意識が高くて，そういうことをやっている埼玉の小さい会社でも，採用のエントリーが驚くほど来ます。それだけ，地域でも，地味に続けてやっていくことが，次の会社の継続につながっていくと思います。

肥塚：ありがとうございます。当たり前というのは，謙遜も含まれていたのかもしれませんが，割とよくあることをやっているということであっても，「見える効果」が出てくるというのは非常に大事なことだと思います。ありがとうございます。

［スライド7］

［スライド8］

　では，続いて小松さまにも自己紹介を兼ねたショートプレゼンテーションをお願いしたいと思います。小松さま，よろしくお願いいたします。

小松：ご紹介ありがとうございます。小松精機工作所の小松と申します。

　普段，お話をする機会というのは，金属を工具で削って，切り粉が出て，振動がこのように出ましたという話をすることが多いので，少し見慣れない雰囲気で緊張しています。

　今，小松精機工作所の専務以外に，nano grains，それからRosies Base，Henry Monitorという会社，いろいろスピンアウトといいますか，カーブアウトをした会社をつくり，複数社の経営もしています。（スライド2）。

　後で，どのようなことをやっているかを少しお話させていただくのですけれども，実は，これらの会社を外部に出したというのは，ドイツの企業から学んでいる部分があります。

　会社をやっていく時に，文化として見なければいけない側面があり，その会社がどのような文化なのかによって，業態を分けないといけないと思います。特にうまくいっている時は，分けていったほうがいいというアドバイスをいただいたのがきっかけになっています。

　自己紹介させていただきますと，いろいろな会社をやっています（スライド3）。工学博士を持っているのですけれども，これはイギリスへの留学時代に，実は経営学を一応学んだのですが，統計学を落としまして満期退学になり，そのリベンジで博士を取得しました。

　小松精機に入ったのは1999年で，生産技術に配属されました。その当時，車のISO（品質管理の規格）といいますか，自動車の品質管理規格のQS9000というのがあり，「それの日本語版がないから，日本語に全部訳せ」と言われました。一番初めはそれから始まりました。

　生産技術課に配属されてすぐに担当する会社がドイツ企業のBOSCHとなりました。「新人に任せてよいのか？」というところでもあるのですけれども，そのような機会となりBOSCHの窓口として，仕事をしてきました。

　ドイツ企業と仕事をしているうちに，経験したことは，技術屋から見ると図面が違うのです。先ほど，山本先生の話でもありましたが，ドイツの顧客から

［スライド1］

［スライド2］

来る図面というのは，どのように加工するかということを設計者が全部分かったうえで，図面に全部落としてきているのです。

　一方，日本の場合は，どちらかというと「こういう形状の物が機能上必要だから，この部品を作ってくれ」ということで，現場力があるのでできてしまうのです。ここの違いが大きいのですが，両者とも，ものづくりに強いのです。どちらがいいというわけではなくて，そういうバランスの中で，ものづくりの文化ができているというところが，一つの特徴だと思います。

　これらを，生産技術課でBOSCHの担当の時に学びました。その後，いろいろな開発をしてきたのですけれども，その中で多くの方に会い，ドイツの展示会等にも出ました。スライド3の一番右側の写真は，ドイツの泌尿器の関係の医療機器メーカーの会長さんに諏訪に訪れていただいた時の写真です。

　その会長が来日されて，どのような工場なのか見てみたいということで，現場も見ていただきました。ドイツの企業といろいろ交流させていただくと，やはり考え方が違うところを非常に身をもって体験させていただきました。

　2016年に博士の学位を取り，そこから研究開発をしてきた技術の新たな展開や，いろいろな材料の研究開発をしています。センサーを持っている最近の写真は，磁界式のセンサーで，ワイナリーなどを歩いています。土壌の分析をしようという試みで，自分の開発した金属センサーが土壌の分析に使えそうだと話があり，始めました。これができたら，世界中の土壌マップが作れるのではないかという夢を抱きながら，今，推進しています。

　スライド4に示しましたように，弊社は，1953年にスタートしまして，もうすぐ70年になるところです。元々は腕時計部品のプレス加工から始まりました。それから，今，自動車部品の関係を多くやっています。

[スライド3]

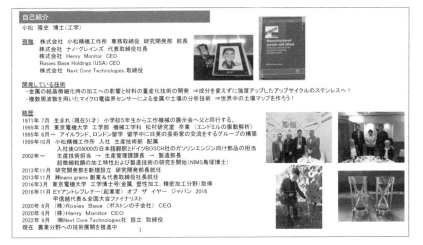

[スライド4]

　タイにも工場があり，アメリカのボストンにも，現在，支社があります。

　弊社の，一番，今強みとしているのは，ガソリン用の燃料噴射ノズルです（スライド5）。世界シェアの割合が，約4割です。1日当たり40万個という数を作っています。

　これは何に使われるかと言いますと，ガソリンのエンジンの中にインジェクターという物があり，ここから霧状にガソリンを吹きます。霧状にガソリンを吹かなければいけないので，0.1ミリの板厚のステンレス薄板に髪の毛の細さぐらいの斜めの穴をプレスで開けています。ある意味，ニッチな市場なのですけれども，この技術を使うことで，微粒なガソリンを噴射し，燃費を良くするということに貢献しています。

　売り上げの大体50％ぐらいがこの燃料噴射ノズルです。このような話をすると「次，EVになったらどうするの」という雰囲気が会場全体に漂うのです。そのとおりなので，ここ20年ぐらい，新たな展開をしてきました。

　一つは，産学連携で，兵庫県立大学の先生と22年前から金属の結晶微粒化というのを研究してきました（スライド6）。微粒化すると，成分を変えずに強くなるという特徴があり，これを医療機器，最近では水素に強いということも分かってきたので，水素エネルギーへの展開をしようということで進めています。

　ただ，特徴だけ話しても，なかなか伝わらないので，nanoSUSというブランドを作りました（スライド7）。ナノの結晶を持ったステンレスです。ロゴを作ってから，お話の数は10倍以上に変わりました。中小企業であっても，やはり自分たちの技術に名前を付けていかなければいけないと思いました。実は，これもBOSCHさんから教えてもらったのです。そうやって「技術に名前を付けろよ」と。

　そのようなことをやっていると，今，医療機器の展開ということで，内視鏡の処置具をもっと小さくして，皆さんが，入っていった時に「おえっ」とならないようにしようと，取り組んでいます（スライド8）。

　それから，nanoSUSで抗菌性が見つかったので，アメリカで抗菌性の特徴を生かした展開を始めています。センサーに関係しては，金属の分析や土壌の分析です。さらに，新しく去年，アモルファスコアという，モーターをもっと効

［スライド5］

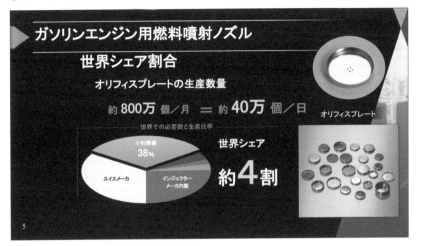

［スライド6］

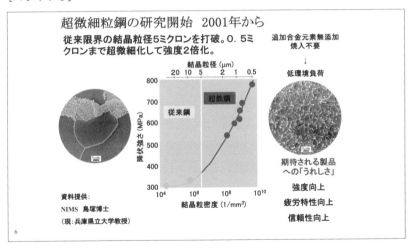

率化しようという，新たなジョイントベンチャーを作るなど，このようなイノ
ベーションをどんどん進めています（スライド9）。

　われわれは，ある意味サステナブルな経営といいますか，そういう経営に対
して，長期的視点で素材からやっていこうというアプローチをしてきました。
そこには，特にドイツもそうなのですけれども，いろいろなところから学ばせ
ていただいてきました。

肥塚：ありがとうございます。中身の濃いお話をありがとうございました。

　自分たちの技術をブランディングして伝えていくというお話も，先ほどの「ド
イツの企業からの学び」の中にもありましたけれども，やはり自分たちの強み
というのをしっかり磨いて，それを相手に上手に伝えて，結果として適正な価
格，適正な利益を獲得したり，自分たちの思いを実現したりしていくのだとい
う基調講演の話にもつながるお話だったと思って伺っていました。

　いろいろとお尋ねしたいことが次から次に思い付いてしまうところではある
のですけれども，やはり次の商売の種を考え続ける，イノベーションを起こし
続けるのがすごく大事だというご示唆があったと思います。

　その中で，産学連携というキーワードも出てきました。またBOSCHとのビ

［スライド7］

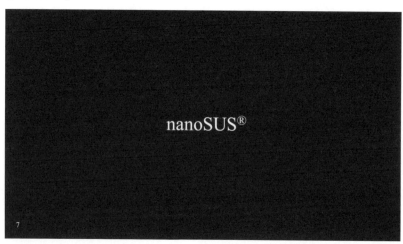

[スライド8]

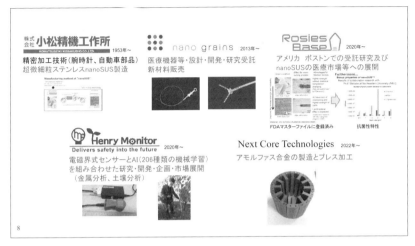

[スライド9]

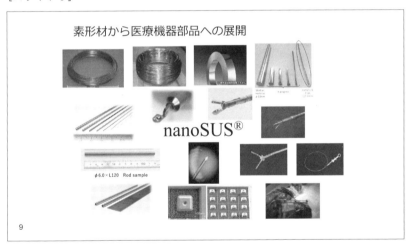

ジネス上のパートナーシップの中から学ばれたこともたくさんあったのだと理解しましたが，外部の方と一緒に連携することのメリットについて教えていただけたらと思うのですが，いかがですか。

小松：まず，いろいろなお客さまとの連携をすることで，やはり視点が違うものが見られるというところがあります。

　自分が博士を取ったということもあるのですが，ドイツで対応いただく方が，やはりドクターを持っている方が多いのです。ドクターを持っておられると，仮説の設定から，どういう検証をして，どういうデータを出して，どういう結論にまとめればいいかというところのプロセスは一緒になるのです。

　そういうところで言いますと，言葉は違って，お互い英語で話さなければいけない部分はあっても，プロセスが同じなので，お互いに安心できるのです。

　お互いに目で見た時に「多分，この結論になるよな」という，それが通じたようなところがあるのですけれども，そのようになった時にはとてもうれしくて，文化が違っても，こういうところでエンジニアとしてつながれたのだという感動があります。

肥塚：それは，私も聞いていて，なるほどと思いますし，オーディエンスの方にも納得感のあるお話なのではないかと思います。

　先ほど，山本先生のご講演の中でも，人材育成の観点から，共通言語で研修する大切さの話がありました。学位については，誰でも小松さんのようにドクターを取れるわけではないとは思いつつ，しかしアカデミアの世界での共通言語というのがありますので，学位があることでコミュニケーションが円滑に取れたり，共同研究がしやすいという側面もあるのだろうと，お話を聞いてすごく思いました。

　やはり，そういう意味では学位取得も一つの手段だと思いますし，何かそういった学びの場，共通言語を学ぶ機会を持つということは大切だということですよね。

小松：やはり社内で一番怖いのは，独自の言葉がどんどん進んでいってしまう

ことがあって，結果，お客さんにも通じないですとか，新人さんに通じないという環境がつくられてしまうというところだと思います。それをいかに防ぐかというところでは，学術的にきちんと共有化されているところを学んで，それを社内に落としていくというところが必要だと思っています。

肥塚：ありがとうございます。まだいろいろ聞きたいところではありますが，少し話を進めさせていただければと思います。

　続いて，大槻さまからもショートプレゼンテーションをいただきたいと思います。今日，いろいろな基調講演，それからお2人の経営者の方からのお話もありましたけれども，自己紹介かたがた，その辺りの感想も含めていただけたら，大変ありがたいと思います。よろしくお願いいたします。

大槻：公益財団法人全国中小企業振興機関協会の専務の大槻です。自己紹介を兼ねて，私どもの協会について，スライドを活用してご紹介をさせていただきます（スライド1）。

［スライド1］

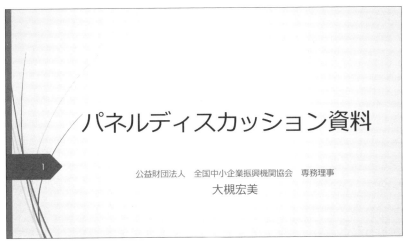

　当協会は，皆さまの中にも，ご存じの方もおられると思いますが，各県で起業や創業の段階から事業承継まで，さまざまな中小企業支援を行っている都道府県にあります中小企業振興機関協会，中小企業支援センターと言ったほうがなじみがあるかもしれませんが，その全国団体です（スライド2）。当協会では，各県の協会が実施される中小企業支援の円滑な実施をサポートする事業を行っています。

　私どもの事業を少しご紹介させていただきます。

　一つ目ですが，「下請かけこみ寺事業」です。この事業は，当協会が中小企業庁から委託されている事業です。当協会が本部となり，各県の協会に下請かけこみ寺を設置し，取引に関する相談を受ける相談員を配置しています。

　取引に関するさまざまな相談に対し，相談員が無料で相談を受けるとともに，無料弁護士相談やADR（裁判外の紛争解決手続き）を活用しながら，さまざまな取引に関する相談に対応しています。年間で相談は1万件を超えています。国が推進する取引適正化策の一翼を担っております。

　次に，国から依頼を受け「パートナーシップ構築宣言」のポータルサイトの運営・管理を行っています（スライド3）。「パートナーシップ構築宣言」は，2020年の5月から始まった取組みで，国，経済界，労働界が一体となった取組みです。サプライチェーン全体の共存共栄を目指し，大企業と中小企業がともに成長できる持続可能な関係を構築するための取組みを，企業の代表者自らが自主的に宣言するものです。

　現在，1万5,000社を超える企業が登録されています。そのうち，大企業の登録が約1,600を超えましたが，日本全体の大企業の数の1割超といったところです。この取組みが今後も増え，下請けと親企業が共存共栄して持続可能な環境を構築していくための宣言内容の実効性を高めることによって，本日のテーマになっているサステナビリティ経営をサプライチェーン全体での取組みとして持続可能な社会の形成に資する取組みとなるのではないかと思います。

　最後に，県の協会で行っているさまざまな地域の課題を解決するための支援の中には，経営者と従業員が一体となって取り組むIoTを活用した現場人材の育成，リカレント教育の支援や中小企業のSDGs，脱炭素といったサステナブルな取組みを支援する事業など独自のさまざまな事業を行っている協会もあり

［スライド２］

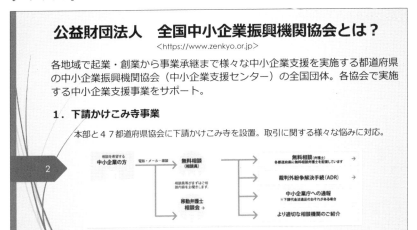

［スライド３］

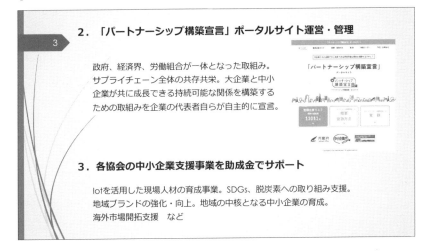

ます。こういった事業に，当協会では，事業に必要な資金の一部を助成金として交付する事業も行っています。

　最後のスライド4には，各県の協会名を掲載した一覧表を掲載しておりますので，参考にしていただければと思います。

　今回，尾島社長，小松専務のお話をお聞きして，やはりさすがだと思うのは私だけではないと思います。視聴されている皆さまにとっても「やはり成功されている企業は特別だ」と思われている方が多いと思いますが，そこは違うと思います。

　「自社では無理です」「関係ないです」などと思うのではなくて，お2人の話に共通するのは，自社の強みや弱みをしっかりと捉えられて経営をすることで，変化する事業環境に対応した持続可能な事業展開に結び付けていくことができることをお話いただいたと思います。

　これは全ての企業に共通する，参考になるお話だと思います。やはり自分でできることから実行していくことが一番大切だと思いますし，もう一つは，継続してやっていくことが一番大切なことだということを私も学ばせていただきました。ありがとうございます。

肥塚：ありがとうございます。私から一つご質問させていただければと思います。

　先ほどご紹介いただいたお取組みは，知っている方は知っている施策だと思いますが，オーディエンスの中には知らなかった方もいらっしゃるのではないかと思うのですけれども，いずれのサポートも今日のテーマに通じるお話だと思いました。

　例えば，「下請かけこみ寺」というのも，取引適正化というところで，「少し無理を言い過ぎじゃないの」という大きい会社さんがいらっしゃることも事実なのでしょうけれども，一方で，今日のお話との関連でいくと，やはり下請けに甘んじず，自分たちが自立的な経営をやっていこうという発想がなければ，そもそも，多分相談に行かれないと思いますし，そういった方々の相談に乗ってあげるというのも，大事なことだと思いました。

　先ほどの「パートナーシップ構築宣言」というところについても，やはりサ

[スライド4]

都道府県協会　所在地一覧

機関名	郵便番号	住所	電話番号	FAX
(公財) 北海道中小企業総合支援センター	060-0001	札幌市中央区北１条西２丁目２番地　経済センタービル９階	011-232-2001	011-232-2011
(公財) 21 あおもり産業総合支援センター	030-0801	青森市新町二丁目４番１号　青森県共同ビル７階	017-777-4066	017-721-2514
(公財) いわて産業振興センター	020-0857	盛岡市北飯岡二丁目4-26　岩手県先端科学技術研究センター	019-631-3820	019-631-3830
(公財) みやぎ産業振興機構	980-0011	仙台市青葉区上杉一丁目14番2号　宮城県工業振興センター3階	022-222-1310	022-263-6923
(公財) あきた企業活性化センター	010-8572	秋田市山王三丁目1-1　秋田県庁第二庁舎2階	018-860-5603	018-863-2390
(公財) 山形県産業振興公社	990-8580	山形市城南町1-1-1　霞城セントラルビル13階	023-647-0660	023-647-0666
(公財) 福島県産業振興センター	960-8053	福島市三河南町１番20号　コラッセふくしま内	024-525-4070	024-525-4079
(公財) いばらき中小企業グローバル推進機構	310-0801	水戸市桜川二丁目２番35号　茨城県産業会館9階	029-224-5317	029-227-2586
(公財) 栃木県産業振興センター	321-3226	宇都宮市ゆいの杜１丁目５番40号　とちぎ産業創造プラザ内	028-670-2600	028-670-2616
(公財) 群馬県産業支援機構	379-2147	前橋市亀里町884-1　群馬県産業技術センター内	027-265-5011	027-265-5075
(公財) 埼玉県産業振興公社	330-8669	さいたま市大宮区桜木町１丁目７番地5　ソニックシティビル10階	048-647-4101	048-645-3286
(公財) 千葉県産業振興センター	261-7123	千葉市美浜区中瀬2-6-1　WBGマリブイースト23階	043-299-2901	043-299-3411
(公財) 東京都中小企業振興公社	101-0025	千代田区神田佐久間町1-9　東京都産業労働局秋葉原庁舎	03-3251-7886	03-3251-7796
(公財) 神奈川産業振興センター	231-0015	横浜市中区尾上町５丁目80番地　神奈川中小企業センタービル内	045-633-5000	045-633-5018
(公財) にいがた産業創造機構	950-0078	新潟市中央区万代島5-1　万代島ビル9・10階・19階	025-246-0025	025-246-0030
(公財) 長野県産業振興機構	380-0928	長野市若里一丁目18番1号　長野県工業技術総合センター3階	026-227-5803	026-226-8838
(公財) やまなし産業支援機構	400-0055	甲府市大津町2192-8　アイメッセ山梨内	055-243-1888	055-243-1890
(公財) 静岡県産業振興財団	420-0853	静岡市葵区追手町44-1　静岡県産業経済会館4階	054-273-4430	054-251-3024
(公財) あいち産業振興機構	450-0002	名古屋市中村区名駅4-4-38　愛知県産業労働センター内	052-715-3061	052-563-1431
(公財) 岐阜県産業経済振興センター	500-8505	岐阜市薮田南5丁目14番53号OKBふれあい会館 (岐阜県県民ふれあい会館) 10階	058-277-1090	058-277-1095
(公財) 三重県産業支援センター	514-0004	津市栄町1丁目891　三重県合同ビル内	059-228-3321	059-226-4957
(公財) 富山県新世紀産業機構	930-0866	富山市高田527番地　情報ビル内	076-444-5600	076-444-5642
(公財) 石川県産業創出支援機構	920-8203	金沢市鞍月２丁目20番地　石川県地場産業振興センター新館内	076-267-1001	076-268-4911
(公財) ふくい産業支援センター	910-0296	坂井市丸岡町熊堂第3-7-1-16　福井県産業情報センタービル1・3・4階	0776-67-7400	0776-67-7429
(公財) 滋賀県産業支援プラザ	520-0806	大津市打出浜２番１号　コラボしが21　2階	077-511-1410	077-511-1418
(公財) 京都産業21	600-8813	京都市下京区中堂寺南町134　京都府産業支援センター内	075-315-9234	075-315-9240
(公財) 奈良県地域産業振興センター	630-8031	奈良市柏木町129-1　奈良県産業振興総合センター内	0742-36-8310	0742-36-4010
(公財) 大阪産業局	540-0029	大阪市中央区本町橋2番5号　マイドームおおさか内	06-6947-4324	06-6947-4388
(公財) ひょうご産業活性化センター	650-0044	神戸市中央区東川崎町1-8-4 神戸市産業振興センター1・2・7階	078-977-9070	078-977-9102
(公財) わかやま産業振興財団	640-8033	和歌山市本町二丁目１番地　フォルテワジマ6階	073-432-3412	073-432-3314
(公財) 鳥取県産業振興機構	689-1112	鳥取市若葉台南7-5-1	0857-52-3011	0857-52-6673
(公財) しまね産業振興財団	690-0816	松江市北陵町1番地　テクノアークしまね内	0852-60-5110	0852-60-5105
(公財) 岡山県産業振興財団	701-1221	岡山市北区芳賀5301　テクノサポート岡山	086-286-9664	086-286-9710
(公財) ひろしま産業振興機構	730-0052	広島市中区千田町三丁目７番47号　広島県情報プラザ内	082-240-7715	082-242-8627
(公財) やまぐち産業振興財団	754-0041	山口市小郡令和１丁目１番１号　山口市産業交流拠点施設4階	083-902-3711	083-902-9010
(公財) とくしま産業振興機構	770-0865	徳島市南末広町5番8-8号　徳島経済産業会館	088-654-0101	088-653-7921
(公財) かがわ産業支援財団	761-0301	高松市林町2217-15　香川産業頭脳化センタービル内2階	087-840-0348	087-869-3710
(公財) えひめ産業振興財団	791-1101	松山市久米窪田町337-1　テクノプラザ愛媛内	089-960-1100	089-960-1105
(公財) 高知県産業振興センター	781-5101	高知市布師田3992番地2　高知県中小企業会館2階	088-845-6600	088-846-2556
(公財) 福岡県中小企業振興センター	812-0046	福岡市博多区吉塚本町9番15号　福岡県中小企業センタービル6階	092-622-6230	092-624-3300
(公財) 佐賀県産業振興機構	849-0932	佐賀市鍋島町大字八戸溝114　佐賀県産業イノベーションセンター	0952-34-4411	0952-34-4412
(公財) 長崎県産業振興財団	850-0862	長崎市出島町2番11号 出島交流会館6・7階	095-820-3838	095-823-0009
(公財) くまもと産業支援財団	861-2202	上益城郡益城町大字田原2081-10	096-286-3311	096-286-2938
(公財) 大分県産業創造機構	870-0037	大分市東春日町17番20号 ソフトパークセンタービル内	097-533-0220	097-538-8407
(公財) 宮崎県産業振興機構	880-0303	宮崎市佐土原町東上那珂16500番地2	0985-74-3850	0985-74-3950
(公財) かごしま産業支援センター	892-0821	鹿児島市名山町9-1　鹿児島県産業会館2階	099-219-1270	099-219-1279
(公財) 沖縄県産業振興公社	901-0152	那覇市小禄1831番地1　沖縄産業支援センター4階	098-859-6255	098-859-6233

プライチェーン全体でこういったことを考えていこうという動きなのかなと思ったのですけれども，今，業界団体さまや中小企業団体さまなど，そういった各種団体さまの中でも，今日のようなテーマというのは話題になることが増えていらっしゃるのですか。

大槻：各県の協会の中小企業支援の中に，今日のテーマにありますサステナビリティ経営やSDGsや脱炭素など，現下の経営課題についてテーマになることがやはり多くなってきていると思います。

　また，地域の大きな課題として少子高齢化で「人がどんどんいなくなる」「人材が不足する」といった人材不足の課題に対して，サプライチェーン全体で一緒になって経営していく，連携していく，サステナビリティ経営のようなところはすごく重要だと思いますし，取り組む事例も多くなっていると思います。

肥塚：ありがとうございます。家森先生のご講演の中でも，理解と認知度がすごく高まってきているというお話がありましたけれども，実際のそういった議論の場でも話題になることが増えてきたということを教えていただいたのだと思います。

　では，続いて中山さまからプレゼンテーションをいただきたいと思います。今日のお話に関連して，大同生命さまでも関連するさまざまなお取組み，問題意識をお持ちかと思いますので，ぜひ，その辺りも含めてシェアしていただけたら大変ありがたいと思っています。よろしくお願いいたします。

中山：大同生命の中山です。平素より大変お世話になっています。

　まず，大同生命について，簡単に紹介をさせていただきたいと思います（スライド2）。創業は，明治35年，1902年で，昨年，創業120周年を迎えました。他の生命保険会社との一番の違いは，中小企業市場に特化した会社であるという点です。

［スライド1］

パネルディスカッション資料

大同生命保険株式会社　企画部サステナビリティ経営推進室長

中山鉄平

［スライド2］

１．大同生命の概要

商　　　　号	大同生命保険株式会社
設　　　　立	昭和２２年７月　（創業明治３５年７月）
本　　　　社	［大阪］　大阪市西区江戸堀１－２－１ ［東京］　東京都中央区日本橋２－７－１
ホームページ	https://www.daido-life.co.jp/
代表取締役社長	北原　睦朗
資　本　金	1,100億円
株　　　　主	株式会社Ｔ＆Ｄホールディングス（１００％）
従　業　員　数	営業職員：3,699名　内務職員：3,137名 (2022年3月末)
営　業　網	支社　１０９支社 (2022年7月)　代理店　15,137店 (2022年3月末)
事　業　の　特　長	・中小企業の経営者や従業員、そのご家族向けに生命保険をご提供 ・中小企業団体や税理士団体との提携により、直販組織である営業職員組織に加え、税理士を中心とした代理店網を構築

大阪本社

2

　当社が取り扱う新規契約の90％が法人を契約者とする保険です。残りの10％も，経営者個人を契約者とする保険が大半ですので，法人に100％特化した会社と言えます。

　スライド3に，当社の歴史を簡単にまとめています。当社には，文字どおりの創業のほかに，第2，第3の創業がありました。第2の創業は，中小企業市場への特化戦略にかじを切った1970年代になります。独自のビジネスモデルを展開して，今日の礎を築きました。そして，第3の創業は，2002年，日本の生命保険会社として初めて株式会社化，上場を果たしました。このように，大同生命は創業以来，挑戦と変革を繰り返してきました。

　ちなみに，少し前ですけれども，NHKの朝ドラ「あさが来た」のヒロインのモデルが，当社の創業者の一人である広岡浅子ということになります（スライド4）。

　続きまして，スライド5は当社の企業理念です。社内外の環境変化を踏まえて，昨年の4月に企業理念を改正しました。当社が果たすべき役割，存在意義であるミッションは「想う心とつながる力で　中小企業とともに　未来を創る」としました。これは保険でお守りをするということに加えて，中小企業の悩みに伴走して，寄り添って，ともに未来を創っていくという関係を目指しています。

　次のページからは，保険以外の部分で我々が現在注力している取組みをお話いたします。

［スライド3］

1．大同生命の概要

第1の創業	明治35（1902）	7月	創業
	大正14（1925）	6月	本社を大阪市西区（現所在地）に移転
	昭和22（1947）	7月	大同生命保険相互会社として再発足
	昭和46（1971）	4月	AIU（現AIG損害保険）と業務提携
第2の創業		6月	法人会の経営者大型総合保障制度の取扱いを開始
		11月	納税協会の経営者大型総合保障制度の取扱いを開始
	昭和49（1974）	7月	TKC全国会と業務提携
	昭和51（1976）	3月	TKC企業防衛制度の取扱いを開始
第3の創業	平成11（1999）	1月	太陽生命保険と業務提携
100	平成14（2002）	4月	国内生保初の株式会社化・上場　※創業100周年
	平成16（2004）	4月	T＆Dホールディングス設立
	平成22（2010）	10月	経営者向け就業不能保障商品の提供
			※がん・急性心筋梗塞・脳卒中罹患時の1億円保障実現
	平成23（2011）	4月	AIU（現AIG損害保険）の代理店業務を開始
	平成25（2013）	9月	アフラックと業務提携
		12月	ドイツ　ニュルンベルガー社と業務提携
120周年	平成30（2018）	6月	オーストラリア　インテグリティ社と業務提携
	令和4（2022）	7月	創業120周年

初代社長
広岡久右衛門正秋
（1844～1909）

広岡浅子
（1849～1919）

法人会　納税協会　TKC　税理士会　Aflac　integrity.

3

［スライド4］

1．大同生命の概要

2015年度下半期NHK連続テレビ小説“あさが来た”

ドラマ原案本
『小説　土佐堀川』（古川智映子著）

広岡浅子（1849～1919）

小説 土佐堀川 （ドラマ原案）	→	連続テレビ小説「あさが来た」	→	キャスト
浅子		白岡		波瑠（はる）さん
春　　　　（浅子の姉）		眉山はつ		宮崎あおいさん
広岡信五郎　（浅子の夫）		白岡新次郎　（加野屋の次男）		玉木宏さん
五代友厚		五代才助　　　（友厚）		ディーン・フジオカさん

　まずご紹介するのが，健康経営の実践支援です（スライド6）。小規模な企業ほど，従業員の健康状態の悪化が経営に及ぼす影響は大きく，健康増進に取り組む必要性が高いと言えます。当社では，検診結果のウェブ管理やウエアラブル端末による運動量の管理など，ノウハウを集約した支援ツール「KENCO SUPPORT PROGRAM」を提供して，中小企業の健康経営の実践を支援しています。

　加えて，昨年1月には，健康増進型保険「会社みんなでKENCO+」を発売しました。これは，歩数に応じて保険料を割り引く仕組みを導入するなど，経営者，従業員，みんなで楽しみながら健康経営を実践いただける内容となっています。

　ちなみに，本日の日経新聞にも広告が掲載されていますので，後ほどご覧いただけると幸いです。

　続きまして，スライド7はちょうど1年前から提供を開始した「どうだい？」というものです。中小企業経営者は，常に何かしらの経営課題を抱えていらっしゃいますが，相談できる相手というものは限られていまして，想像以上に孤独な存在だと思っています。

［スライド5］

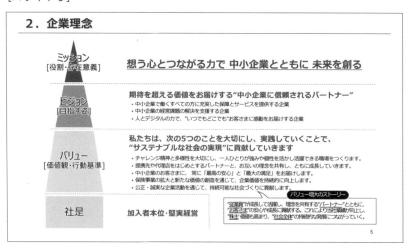

［スライド６］

３．中小企業を支え抜く使命

健康経営の実践の支援

○健康経営実践ノウハウを集約した支援ツール「ＫＥＮＣＯ　ＳＵＰＰＯＲＴ　ＰＲＯＧＲＡＭ」を２０１７年から提供し、中小企業の健康経営の実践を支援。
○２０２２年１月には、健康増進型保険「会社みんなでＫＥＮＣＯ＋」を発売。

［スライド７］

３．中小企業を支え抜く使命

中小企業エコシステム「どうだい？」を構築

○経営者同士が想いや悩みを共有する場（コミュニティ）の提供など、経営者が課題解決に取り組むためのＷｅｂサービスを２０２２年３月に開始。

　当社には約37万社という，大変多くの中小企業からご契約をいただいています。この37万の企業をはじめ，当社が接点を持つ経営者が利用できるコミュニティを提供して，経営者同士が思いや悩みを共有できるなど，中小企業の課題解決を総合的に支援していくというものです。

　最後に，この具体的な経営支援サービスの一つが，SDGsへの取組みを支援するということです（スライド8）。先ほどから皆さまのお話にもありますが，ほとんどの中小企業は，やはりノウハウや知見が十分ではなくて，対応が難しいという状況にあります。

　そこで，世界的なアクセラレーターであるプラグアンドプレイ社と協働しまして，中小企業向けの支援プログラムを2021年の11月より開始しました。このプログラムでは，イベントやウェブサイトを通じて中小企業とベンチャー企業との接点を創出して，中小企業の取組みを支援しています。

　このような形で，当社は保障に加えて，中小企業が直面する課題の解決を支援していくことで，中小企業とともに成長，発展していきたいと考えています。

肥塚：ありがとうございます。大同生命さまは，中小企業ではありませんけれども，今日のテーマでありますサステナビリティ経営を，まさに実践されているということを，あらためて教えていただいたと思いました。

　いわゆる創業当時の理念や，今のミッションやビジョンやバリューなど，そういったものに根差した取組みをしっかりやられているということも教えていただきました。ありがとうございます。

　本日は，サステナビリティ経営とドイツ中小企業からの示唆という2つのテーマについて，それぞれ，基調講演とこのパネルディスカッションで，今，議論をしているところなのですけれども，両先生にも，ぜひご発言，コメントをお願いしたいと思います。

　山本先生，今回，ドイツ中小企業からの示唆ということで共同研究を進めていただいたわけですけれども，今日，初めて家森先生のサステナビリティ経営のご報告をお聞きになったのではないかと思います。結構，共通点もあると思って私も拝聴していたのですが，その辺り，先生は聞いていて，どのように思われたか，コメント，感想をいただけないでしょうか。

［スライド8］

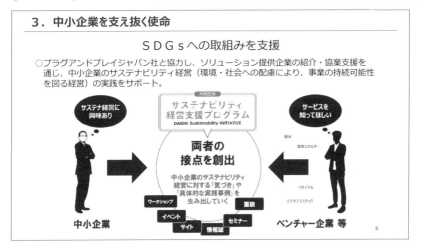

山本：どうもありがとうございます。家森先生のご報告，どうもありがとうございました。拝聴して，最初に思ったのが，サステナビリティ経営，つまり環境や社会に配慮する経営というのは，極めて汎用性が高く，自己の経営の在り方を客観的に見る軸になるのではないかということです。

　日本の中小企業経営者も，サステナビリティ経営に大変ご熱心に尽力されている方が多いと思います。しかし，中小企業は，企業規模の問題から，特定の顧客との取引が主になったり，特定の業界やニッチ市場で操業されたりするので，だんだんと企業内のマイルールが積み重なっていきやすいです。そういった時に，サステナビリティ経営を軸にして，自社を客観視することがとても重要ではないかと思いました。

　先ほども言いましたが，やはり経営にウルトラCはなくて，経営の王道を積み重ねていくことが，自社の経営パフォーマンスを何より上げることになると思います。経営の王道を歩むための一助になるのが，サステナビリティ経営ではないかと思います。家森先生のご研究の結論でも，「当たり前のこと，当然のこと，社会にとって良いこと，環境に良いことを地道に様々に積み重ねていきましょう」，「それが，経済的なショックに強くなるためのいちばんの近道で

す」ということが言われていると思います。

　これは中小企業にとって，極めて大きなインプリケーションです。そして，ドイツ中小企業と自社の経営を比較し，相対化しながら，経営の王道を見つけていくところが，家森先生とわれわれの研究との接点なのだと思います。

肥塚：ありがとうございます。小松さまにもお伺いしたいと思います。今回は，ドイツの共同研究のほうで，主にご協力をいただいたということですが，山本先生と同じように，サステナビリティ経営のお話についての感想やお感じになったことがあれば，ぜひ教えていただけないでしょうか。

小松：まず1点目は，とても勇気をいただきました。まず経営者が取り組むというところと，あと長期視点に立っていると何かあった時も対応ができるということは，まさにコロナの時がそうであって，長期的な視点を持っているということ，それに対して次のネタが出てくるというところが，やはりあると思います。

　私の父は，今，会長なのですけれども，よく会社の中でホワイトボードに，突然，2050年ぐらいまで線を引いて，計画を立て始めるのです。根拠はないのですけれども，何か立て始める。そのくらいの長期視点を持っていると，何となく周りが落ち着いてくるということがありまして，今になって，そういうことをやっていたのだと腑に落ちました。

　それを，今度は引き継いでいかなければいけないというところを，先生の話を聞いていて，すごく感じた次第です。

肥塚：ありがとうございます。長期視点の経営とサステナビリティ経営は親和性が高く，サステナビリティ経営は傍流ではなくて王道だという話につながるのだと思って，お聞きしていました。ありがとうございます。

　では続いて，家森先生にも同様のご質問をさせていただければと思います。ドイツのテーマで，山本先生から基調講演いただきましたけれども，ぜひ，感想やお感じになったところを教えていただけないでしょうか。

家森：ドイツと日本では，中小企業が経済の大黒柱であり，どちらにとっても中小企業は非常に重要であるということは，私も認識していました。また，中小企業を取り巻く環境も，例えば，税理士制度などがよく似ているということは聞いていました。今日，山本先生のご講演を聞いて，ドイツの中小企業が付加価値を高めていくということに成功されていることが分かりました。私はよく日本の中小企業の方々に，高くても売れる物を作りましょうと言っているのですが，ドイツの中小企業はまさにそれを実践されているのだと思いました。そういうことが中小企業であっても可能だということがよく分かりました。

　大同生命さんがドイツにこだわって，こういう研究を山本先生にお願いされたことの理由も分かりました。「こういうことがドイツにあるということをご存じだったのだ」ということです。日本の中小企業は小さいから儲からないのではなくて，やり方を変えていけば，儲かるように変われそうだという示唆を得られたのではないかと思います。

　それからもう一つ，私は，現在，中小企業庁の中小企業政策審議会金融小委員会の委員長をしていて，中小企業を，主に金融面からサポートすることを考えています。2022年12月に発表した報告書（「収益力改善支援に関する実務指針」）では，中小企業のガバナンスを経営者にしっかりやってもらわないと，なかなか先に進めないということを指摘しました。ガバナンスといってもいろいろなガバナンスがありますが，会計をしっかりと行い，会社の計数を把握することが出発点になると訴えています。

　山本先生が理論的なものづくりとおっしゃっていましたが，ものづくりの理論だけではなくて，経営も理論的にやっていく必要があるということからすると，ドイツの制度はいろいろな点で勉強になると感じました。

肥塚：ありがとうございます。では尾島さまにもご質問したいと思います。尾島さまには，サステナビリティ経営のほうでご協力いただいたと伺っていますけれども，山本先生からの基調講演，ドイツの話から感じたことを，ぜひお願いいたします。

尾島：本当に山本先生の熱い講演を聞いていまして，私もいとこがドイツのハ

ンブルクにいるのですけれども，それと，先ほど言いましたように，社員に
デュッセルドルフなどに研修に行ってもらっていました。最近は，コロナで行
けず，再開したいと思っていますが，やはり，先ほど先生の言われたとおりに，
社員を大切にしているということと，マイスターという制度の中で，ものづく
りに対してすごく真摯で，すごく研究していると感じました。

　それで，いい物を使って，私のいとこもそうなのですけれども，もう何十年
も同じ物を本当に大切に使っているというところは，日本人もそれはあると思
うのですけれども，もっとそれを，うちの会社もまねていきたいと思います。

　使い捨てで，着られればいいというユニフォームではなくて，やはり格好い
い物を，それで他社の従業員の方がそれを着ていて，モチベーションがアップ
して「よし，今日もやるぞ」というユニフォームで，それで，それを大切に使っ
てもらう。車の中に放り投げておくのではなくて，きちんと座席に掛けてもら
うような，そういうユニフォームをうちも提案していかなくてはいけないのか
なという，今日はすごく勉強になりました。

肥塚：ありがとうございます。実は，登壇直前に軽い打ち合わせはしたのです
けれども，パネリストの皆さん，お互いに初対面の方も多い中で，特に示し合
わせてストーリーを作っているわけではないにもかかわらず，これだけ，共通
点を感じていらっしゃるということが，サステナビリティ経営とドイツからの
示唆という２つのテーマは，非常にリンクしているということを感じさせます。

　この非常に大事なテーマは，今後の日本の中小企業がより元気になっていく
ために重要なキーワードだと思います。ぜひ多くの方に知っていただきたいで
すし，このテーマをもっと広めていきたいと，感じているのですが，どうやっ
て広めていくかというところについて，少しパネリストの方からもコメントを
いただきたいと思います。

　では最初に家森先生，いかがでしょうか。ぜひ，こういった話を広めていく
ためにはというコメント，先ほども少し提言いただいたところではありますが，
補足いただけたらと思います。

家森：もう先ほど話したことに尽きるのですけれども，今日お越しの経営者の

方のように，挑戦心もあって，感度も高い，こういう経営者ばかりでは，残念ながらないわけです。

　そうすると，まずはサステナビリティというのが世の中に，今，このように広がりつつあって，これは機会でもありリスクでもあるということをまず知ってもらうということが出発点になると思います。

　私は地域金融を主に研究しているのですが，地域金融機関というのは，お客さまの所へ足しげく通っている点に強みがあります。大同生命の営業職員の方もそうされているのですが，お客さまのところに行かれた時に「今日は天気がいいですね」というのはもちろん大事なのですけれども，それだけではなくて，例えば1年に1回ぐらいは「サステナビリティ経営はこのようになっていまして，このような素晴らしい経営をやっている方もいらっしゃるし，お宅のような会社でしたら，こういうことをやったら，きっともっと良くなりますよ」という話題を挙げていただくことが，まず大事だと思っています。

　その時に，今日は，2つの会社の事例を聞かせていただきましたが，こういう具体的な事例をどんどん出していただけると効果的です。経営者の方々も「抽象論としては，それはそうだろうと思うけれども，実際は違うよ」と思われていることが多いのですが，「あ，そうか」と変わってくるのではないかと期待します。

　今回，大同生命さんと共同研究をやる際，どのようなことをやろうかと考えたのですが，大同生命サーベイを使わせてもらおうと思いつきました。その理由の一つは，もちろんデータを集めるためなのですけれども，もう一つは，この調査票をお客さまのところに持っていくとなると，大同生命さんの営業職員の方がお客さまとサステナビリティのことを話さざるを得ないわけです。

　そうすると，お客さまも「サステナビリティ経営を知らない」と言うと格好悪いと思って，もしかしたら事前に勉強しておくということになるかもしれませんし，今後，「分からない」ばかり言っていたらいけないので，後で参考書を見られたりするかもしれないと思います。

　今回，こうやって報告書をまとめることができたので，また営業職員の方がお客さまの所に行かれる時に「前の調査がこのようにまとまりましたよ」とお伝えいただきたいと思います。「認知率がこんなに上がっていますよ」「知らな

いのは，ごくわずかですけれども，社長は知っていましたよね」と言ってもらうと，より説得力が増していくのではないかと思います。

　そうすると，「うちも何かやりたいのだけれども，でも人材が足りないしね」と，経営者の方がおっしゃるでしょう。経営者自身に学んでもらったり，人材育成のためには社員研修が必要だということになります。そこで，まずは「セミナーをご紹介しますので行ってください」といった具合に，具体的な道筋を助言していただければと思います。

　最後に，私のアンケート調査でもそうなのですけれども，効果はすぐには出ないかもしれません。何年も実施して徐々に効果が出てきますので，継続支援が必要です。入り口のところだけで，今日，セミナーに行ってもらって，それで終わりではありません。その後，フォローしていって，経営者の方が「社内でこのようなことをやろうと思うけれども」とおっしゃる時に「これですと，他の会社では，このような仕組みで難関を乗り越えられましたよ」のようなことを伝えて後押しをしてください。仮に営業職員の方がそうした情報を持たなかったとしても，本社からそういう点での知恵をもらうなどして，ぜひ進めていただきたいと思います。

　そういう活動が広がれば，高い意識を持って，高い目標を持った中小企業の方々が地域のいろいろな所にいるようになりますから，日本経済は復活すると思っています。

肥塚：ありがとうございます。実際に動きがありそうといいますか，実際に普及しそうだなというコメントをお伺いできて，とてもうれしかったです。ありがとうございます。

　では，同じ質問になって恐縮ですけれども，山本先生からも，ぜひ，広めていくためのアドバイス，方策，コメントをいただきたいです。

山本：どうもありがとうございます。今回，大同生命がドイツに着目された共同研究をされたのは，エポックメーキングだと思っています。先ほども言わせていただいたように，日本の中小企業あるいは支援機関の方々が，経営や支援に非常にご尽力されているのをいつも肌で感じています。

　ただ，日本の中小企業経営者や支援者に少し足りていないのは，海外ではどのような中小企業経営がなされているのか，海外の経営者はどのような理念やマインドを持っているのか，海外の行政機関や支援機関がどのような支援をしていて，どのような効果が出ているのかという情報です。日本ではそうした海外の情報が足りないと思っています。日本という狭い島国の中での知識の共有や経営のノウハウの共有，支援機関の支援方法のノウハウの共有だけに陥りがちになります。ドイツは一つの先進事例だと思います。けれども，ドイツに限らず，韓国や台湾などお隣の国や地域，他のヨーロッパ諸国でもいいので，世界の経営者や，起業家/アントレプレナーがどのようなことをやっているのかを，大同生命が中小企業経営者や支援機関の方々に情報提供するようなことがあればいいと思います。

　これは本当に私見なのですが，日本の中小企業経営者の多くは，例えば，ものづくりにすごく尽力されています。経営や従業員の行く末をすごく熱心に考えられています。けれども，それが少しストレスになっているようなところがあると思います。

　一方で，海外の中小企業には，ものすごく楽天的な方々がいます。ここには日本と海外の文化の違いがあると思います。そういう文化の違いを相対化してみると，今，日本の中小企業が直面している経営課題の解決策が結構簡単に見つかるかもしれないと思ったりします。

　なので，ぜひ，海外の企業，海外の経営者，海外の起業家，海外の中小企業支援の在り方，あるいは海外の企業連携，産学連携の在り方を，支援機関などを通じて，日本として，みんなで共有していくということが重要なのではないかと思っています。

肥塚：ありがとうございます。本当にそのとおりですよね。大事なことだと思います。

　では，続いて大槻さまにも同じような趣旨のご質問をさせていただきたいと思います。広めていくための方策，アイデアが，もしありましたらぜひコメントいただけたらと思います。

大槻：話題になっていますサステナビリティ経営も，SDGsも，それを担う人材，詳しい人材が「中小企業にはいない」という話を聞きます。

　ご紹介しましたパートナーシップ構築宣言は，大企業と中小企業が一緒になって共存共栄していくためのものです。将来を見据えた持続可能な環境を構築していくということです。大企業には人材が豊富です。大企業が，中小企業に対して，人材，知識を含めて支援をしていくことも重要だと思います。

　今，国でも宣言していただいている内容の実効性をいかに高めていくかが一番重要だとされています。宣言の実行性を高めていくことが，広めていく一つのパターンだと思います。

　また，県の協会でも，いろいろな課題についてのセミナーや人材育成など，多くの事業を行っています。よろず支援拠点は，さまざまな相談に対して対応できる窓口で，各種専門家もいます。人材がいない中小企業が専門家を活用して課題を解決することもできます。

　さらには，現状の課題に対しての対応だけではなくて，将来を，To Beのところを見据えた支援を，協会が専門家と一緒になって支援に取り組んでいます。中小企業庁も伴走支援という言い方で推進されています。

　こうした事業を通じて，広く中小企業の支援をしていくことで，地域も活性化していくし，企業も生産性が上がっていくと思います。こうした支援をやっている地域の中小企業支援センター，県の協会をぜひ活用していただければと思います。

肥塚：ありがとうございます。やはり支援機関を巻き込んでいく，中小企業の視点に立てば，必要に応じて，支援機関のサポートも活用していくというのは非常に大事だということですよね。ありがとうございます。

　お3方の話を聞いていると，すぐにでも広まっていくのではないかと，つい思ってしまうところですけれども，今度は経営者のお2人にも，実践に向けてというところで，ぜひコメントをいただきたいと思います。

　今日，いろいろな示唆があって，先ほどご発言いただいた際にも「いろいろ勉強になりました」とおっしゃってくださっていましたけれども，何か，ご自身の会社や，ご自身の経営において，これは実践してみたい，もしくは，今後，

こういったことを経営に生かしていこうと思った時に，どのようなことを工夫したり，取り組んでいこうと思われたかというところを，ぜひご意見いただきたいと思います。

　では，私から近いほうで，尾島さまからお願いできますか。

尾島：私も今回，このサステナビリティという観点で結局，ずっと継続していくということ，たまたま大学時代に労務管理のゼミだったのですけれども，その中でTQC，Total Quality Controlをやっていて，PDCAをずっと繰り返し，本当にこれでいいのかということを社内でやっていて，それが環境に対しても，ISOに対しても，自然にすっと入ってくる中で，何でもいいから，何か一つやってみようと。燃費，荷造り運賃であったり，ごみの量などということで，誰でも簡単にできることを継続しています。

　今日の話の中では，小さなことを地道にやるということがやはり一番大切だということと，いい物を作って，お客さんに感動してもらう，感謝してもらうということを，これからも続けていきたいと思います。

　最近，いろいろな地政学的リスク，VUCAの時代に，今の本業を逸脱しないようにしながら，先生の言うとおり，イノベーションで小松さんも言っていたとおり，新しいことを生み出していく。それが全く違うことではなく，やはり本流に乗っているもので，少しずつ，小さい会社ながら，社員みんなと一緒に考えていくことが，環境に適した，今後もずっと継続する組織だと思います。それが，うちが目指している家族的結束企業につながっていくのだと思います。

　やはり社員を大切にして，みんなが幸せになってくれることが会社の存続，地域の存続になっていくというのをすごく思いました。いい時もあるし，目先の数字を追っていると，なかなか物も入ってこないし，数字ばかりを追ってしまって，嫌になってしまうのですけれども，そこは一喜一憂せずに，将来を見据えて，2年後，3年後，なかなか10年後を今，企業が語るのは大変かもしれませんけれども，やはりそれを次につなげて，一つひとつやっていくことだと思います。

肥塚：ありがとうございます。

　同じ質問になりますけれども，小松さまにも，ぜひコメントいただければと思います。

小松：まず，この不透明性といいますか，VUCAの時代に何をするのかは難しいです。予想が付けられないところでどうやってやるかというと，やはりそれでもいいから，まずは作らなければいけないというところをやらなければいけないのです。

　それが外れていてもいいのではないかと思います。まずは作ることからやらなくてはいけないので，経営者としても，やはりそこのDoのところから踏み込んでいくというところ，一歩踏み出すというところは非常に重要だと思います。

　ただ，1回，このDoから始まって，その後，PDCAが回り出すと，それをがんがん回していけばいいというところなのですが，ただ，一人で回していると，これはすごく不安なのです。

　今日，いろいろお話を聞かせていただいて，回しているのは一人ではなく，日本だけではなくて，海外でも，そうやって回しておられる方はいると考えると，それを，勇気を持って回していけばよいということになります。先ほどの山本先生の，海外でも同じように活動しているところとは，やはり良きパートナーシップであったり，競争相手でもあるというところを感じながら進めていくというのが非常にいいと思います。

　中小企業は，やはり対応できる分野が限られているので，いかに専門性の強いところでフォーカスしていくかが必要です。一方でフォーカスし過ぎてしまうと，たまに人に理解されないところが非常に寂しいところです。他も専門性で頑張っておられるところがあるので，では自分は何が強いのかというところを明確にしていき，それをアピールするというのが必要だと思います。

　自分の専門性をどこで活用できるかというところは，常に外を歩き回りいろいろな人と話して，イノベーションが起こるのではないかと感じています。

肥塚：ありがとうございます。やはり，今日は王道ですとか，経営の基本など，いろいろな言葉が出てきますけれども，お2人の経営者のお話を聞いていても，

ご自身の言葉で語っているのですけれども，本当に経営学の教科書に出てくるような，必ずやらなければいけないこと，基本的な考え方というものを，別の言い方をされているのだと，聞いていて，あらためて実感しています。

　では，もう一人，中山さまにも最後にコメントいただきたいと思います。今日，いろいろなお話がありましたけれども，大同生命さまが今後，大事にしていきたいことや，目指していきたいことなどがありましたら，ぜひコメントいただけたらと思います。

中山：ありがとうございます。いろいろお話を聞いていますと，会社が長く続くということ，そしてそこで働いている方やそのご家族が元気で健康でいられる，ということが非常に大事であり，私たちが中小企業とともに創る未来というのはこういうことではないか，とあらためて感じました。

　また，いろいろおっしゃっていただきましたように，当社でしかアクセスできないところなど，独自のネットワークが当社の優れた強みであることを，お話を聞くなかで再認識しました。

　今後も「大同生命サーベイ」のほか，本日のような好事例，ベストプラクティスなどの情報を中小企業の皆さまにしっかりとお伝えして，皆さまの「まずはやってみる」，サステナビリティ経営の第一歩を後押ししていきます。

　そして，私たちがそのような先導役となるためにも，本日のお話を当社自身のサステナビリティ経営にも活かしていきたいと思います。

肥塚：ありがとうございます。

　あっと言う間にパネルディスカッションでお預かりしている時間を消化しつつありますが，冒頭に，基調講演を踏まえて今日のテーマを深掘りしていって，オーディエンスの皆さまに，少しでも「やってみようかな」「広めてみようかな」と思っていただけたらと，私は申し上げたのですけれども，少しはお役に立てる部分がありましたでしょうか。

　サステナビリティ経営，それからドイツ中小企業からの示唆ということで基調講演をいただき，今日，パネルディスカッションを通じていろいろなお話をしてきましたけれども，あらためて思いますのは，結構身近なテーマなのだと

いうことです。それから，何か特別な会社が取り組んでいるということではなく，本当に全ての中小企業や個人事業主，事業を営まれている全ての方々にとって，非常に大事なテーマだということを，強く感じるパネルディスカッションだったと思っています。

　拙い司会でしたけれども，今日，ご参加の皆さまに，ほんの少しでも参考になった点がありましたら大変ありがたいと思っています。貴重な機会をいただき，ありがとうございました。

　パネリストの皆さま，どうもありがとうございました。

司会：尾島さま，小松さま，家森さま，山本さま，大槻さま，中山さん，肥塚さま，ありがとうございました。

　以上をもちまして，大同生命創業120周年事業記念シンポジウム「中小企業の経営変革に向けて～サステナビリティ経営の実践とドイツ中小企業からの学び～」を終了いたします。

■執筆者紹介

家森 信善（やもり のぶよし）　編者，第1〜3，6，7章
神戸大学経済経営研究所 教授

西谷 公孝（にしたに きみたか）　第1〜3章
神戸大学経済経営研究所 教授

柴本 昌彦（しばもと まさひこ）　第1〜3章
神戸大学経済経営研究所 教授

中山 鉄平（なかやま てっぺい）　第Ⅰ部 参考 大同生命サーベイについて，第7章
大同生命保険株式会社 企画部サステナビリティ経営推進室長

山本 聡（やまもと さとし）　編者，第4〜7章
東洋大学経営学部 教授

尾島 敏也（おじま としや）　第7章
斉藤商事株式会社 代表取締役

小松 隆史（こまつ たかふみ）　第7章
株式会社小松精機工作所 専務取締役

大槻 宏実（おおつき ひろみ）　第7章
公益財団法人全国中小企業振興機関協会 専務理事

肥塚 直人（こいづか なおと）　第7章
三菱UFJリサーチ＆コンサルティング株式会社 持続可能社会部上席主任研究員

■編著者紹介

家森 信善（やもり のぶよし）　　　神戸大学経済経営研究所 教授

　1988年神戸大学大学院経済学研究科博士前期課程修了。名古屋大学大学院経済学研究科教授，名古屋大学総長補佐などを経て，2014年より神戸大学経済経営研究所教授。2021年同所長。経済学博士（名古屋大学）。専門は，金融システム論。これまでに，中小企業研究奨励賞・本賞（2005年）など受賞。

　現在，日本学術会議連携会員，日本金融学会常任理事，日本保険学会理事，日本FP学会理事，日本経済学会代議員などの学会役員の他，財務省財政制度等審議会委員，中小企業庁中小企業政策審議会金融小委員会委員長，地域経済活性化支援機構（REVIC）社外取締役などを務める。また，これまでに，金融庁参与，金融審議会委員，金融機能強化審査会委員などを歴任している。

　最近の編著書に，『ベーシックプラス　金融論（第3版）』（中央経済社　2022年），『ポストコロナとマイナス金利下の地域金融－地域の持続的成長とあるべき姿を求めて』（共編著　中央経済社　2022年）などがある。

山本　聡（やまもと さとし）　　　東洋大学経営学部 教授

　2012年一橋大学大学院経済学研究科博士後期課程単位取得退学。東京経済大学経営学部専任講師・准教授などを経て，2019年より東洋大学経営学部教授。経営学研究科ビジネス会計ファナンス専攻長，産官学連携推進センター副センター長（2023年現在）。博士（経済学，一橋大学）。専門は中小企業経営論。

　日本中小企業学会理事・事務局長，企業家研究フォーラム幹事などの学会役員の他，東京都庁・東京の中小企業振興を考える有識者会議 委員，埼玉県・北部地域産業振興施設等検討委員会委員長，品川区・品川区産業振興研究会 委員，東京都信用金庫協会優良企業表彰制度選考委員などを務める。また，これまでに，経済産業省，中小企業庁，関東経済産業局，日本政策金融公庫，大田区，北区などで委員を歴任している。最近の共著書に，『〈郊外〉の再興：新・多摩学のすすめ』（けやき出版　2021年），『ファミリーアントレプレナーシップ：地域創生の持続的な牽引力』（共編著　中央経済社　2022年）などがある。

SDGsの時代に中小企業が輝く社会の実現を目指して

日本の中小企業のサステナビリティ経営の実践とドイツ中小企業からの学び

2024年3月30日　第1版第1刷発行

編著者	家　森　信　善
	山　本　　　聡
発行者	山　本　　　継
発行所	㈱中　央　経　済　社
発売元	㈱中央経済グループ パ ブ リ ッ シ ン グ

〒101-0051　東京都千代田区神田神保町1-35
電話　03 (3293) 3371 (編集代表)
　　　03 (3293) 3381 (営業代表)
https://www.chuokeizai.co.jp

© 2024
Printed in Japan

印刷／文唱堂印刷㈱
製本／㈲井上製本所